QUAND LES ÉCRIVAINS PARLENT DE LA LANGUE FRANÇAISE

Virginie Lérot

ÉDITIONS
GARNIER

INTRODUCTION

En août 1919, un article au titre hardi paraissait dans le seizième numéro de *La Rose rouge* : « Flaubert écrivait mal ». Son auteur, Louis de Robert, était un écrivain et journaliste assez connu alors. L'article aurait pu demeurer confidentiel, mais il fut relayé par Paul Souday, chroniqueur littéraire au *Temps*, qui, profitant sans doute de l'occasion pour se venger à titre personnel, fit à Robert une réponse acerbe. Ce fut le début d'une véritable querelle, qui dura près de deux ans. Pourquoi un tel tollé ? Sans doute parce que Flaubert, parangon du grand écrivain français (*Madame Bovary* était souvent cité comme le plus grand roman de la littérature française dans les années 1910), était jugé inattaquable. Louis de Robert, qu'on le note, ne niait absolument pas le génie littéraire du célèbre Normand. Tout au contraire, son intention était de pointer l'étrangeté de ce fait : auteur de romans de premier ordre, Flaubert était parfois négligent avec la grammaire et l'orthographe. Ce qui incitait à s'interroger sur le rapport de l'écrivain et de la littérature à la correction de la langue.

Qu'est-ce que « bien écrire », et qu'est-ce que « faire de la littérature » ? Claude Favre de Vaugelas, qui aux côtés de Vincent Voiture ou Jean-Louis Guez de Balzac fut l'un des premiers académiciens, est la figure type du connaisseur du bel usage, comme en attestent ses *Remarques sur la langue françoise*, parues en 1647. Mais il n'est pas un grand écrivain. À l'inverse de Flaubert. Qui, lui, n'était pas le meilleur des grammairiens.

C'est que l'écrivain fait un usage particulier de la langue. Il travaille *sur* et *dans* la langue. Qu'il ne soit pas un premier prix d'orthographe ou de grammaire n'est pas un réel problème ; que certains prennent avec la syntaxe et la correction de l'expression des libertés, non plus. Surtout si ces libertés sont volontaires (la licence poétique a bon dos, diront certains). Sade négligeait souvent les points en fin de phrase dans ses brouillons (voir le fac-similé de deux cahiers édité par Michel Delon sous le titre *Les Vies de Sade*, Paris, Textuel, 2007). Artaud avait un usage idiosyncratique des majuscules et de la ponctuation. Qu'en déduire ? Mille et une choses, ou aucune. Si ce n'est qu'on a là des exemples du rapport de ces deux auteurs à la langue dont ils usent pour leurs créations. Parce que chaque jour il manie, pétrit, informe le français à d'autres fins que la simple communication ou l'énonciation de besoins quotidiens, l'écrivain développe une langue à lui, marquée par son style, ses recherches, et subtilement distincte du français commun. Le poète Paul Valéry l'explique très clairement :

> [...] Mais le langage *donné* acquis dès notre enfance, étant d'origine statistique et commune, est généralement peu propre à exprimer les états d'une pensée éloignée de la pratique : il ne se prête guère à des fins plus profondes ou plus précises que celles qui déterminent les actes de la vie ordinaire. De là naissent les langages techniques, — et parmi eux, la langue littéraire. On voit dans toutes les littératures apparaître, plus ou moins tard, une *langue mandarine*, parfois très éloignée de la langue usuelle : mais, en général, cette langue littéraire est déduite de l'autre, dont elle tire les mots, les figures, les tours les plus propices aux effets que recherche l'artiste en belles-lettres. Il arrive aussi que des écrivains se fassent un langage singulier.
>
> Un poète use à la fois de la langue vulgaire, — qui ne satisfait qu'à la condition de compréhension et qui est donc purement transitive, — et du langage qui s'oppose à celui-ci, — comme s'oppose un jardin soigneusement peuplé d'espèces bien choisies à la campagne tout inculte où toute plante vient, et d'où l'homme prélève ce qu'il y trouve de plus beau pour le remettre et le choyer dans une terre exquise.

> Peut-être pourrait-on caractériser un poète par la proportion qu'on y trouve de ces deux langages : l'un, naturel ; l'autre, purifié et spécialement cultivé pour l'usage somptuaire ? Voici un bon exemple, de deux poètes du même temps et du même lieu : Verlaine, qui ose associer dans ses vers les formes les plus familières et les termes les plus communs à la poétique assez artificieuse du Parnasse, et qui finit par écrire en pleine et même cynique impureté : et ceci, non sans bonheur ; et Mallarmé, qui se crée un langage presque entièrement sien par le choix raffiné des mots et par les tours singuliers qu'il invente ou développe, refusant à chaque instant la solution immédiate que lui souffle l'esprit de tous. Ce n'était point là autre chose que se défendre, jusque dans le détail et le fonctionnement élémentaire de la vie mentale, *contre l'automatisme*.
>
> Mallarmé a compris le langage comme s'il l'eût inventé. Cet écrivain si obscur a compris l'instrument de compréhension et de coordination au point de substituer au désir et au dessein naïfs et toujours particuliers des auteurs, l'ambition extraordinaire de concevoir et de dominer le système entier de l'expression verbale.
>
> (Paul Valéry, « Je disais quelquefois à Stéphane Mallarmé… », *Variété III*, Paris, Gallimard, 1936)

L'éminente réflexion de Valéry nous mène assez loin dans la théorie du langage ; d'autres écrivains ont une approche plus pragmatique, si l'on peut dire, et concise. Ainsi de Jules Renard, qui écrit dans son *Journal* : « Les mots ne doivent être que le vêtement, sur mesure rigoureuse, de la pensée. » D'autres diront au contraire que le mot est la source de tout et qu'il faut partir de lui, et non d'une pensée préexistante. Question de point de vue, comme le rappelle Jean Paulhan dans *Les Fleurs de Tarbes ou la Terreur dans les lettres* (Gallimard, 1941), indispensable lecture pour qui affectionne la réflexion sur la langue et la littérature.

Ces avis divergents sont monnaie courante. Sans cesse, les opinions s'affrontent : le Hugo de « Réponse à un acte d'accusation » (*Les Contemplations*) fait par-dessus les siècles un pied-de-nez au Boileau de *L'Art poétique* ; Céline déclare morte la prose bien léchée enseignée au lycée ; et Huysmans, en prêtant au héros du roman *À rebours* une critique assassine de la langue latine classique comme de la française du Grand Siècle, exprime sans doute un peu plus que l'avis d'un personnage de fiction (même s'il ne faudrait pas commettre l'erreur grossière de voir en Des Esseintes un double de l'auteur) :

> En effet, la langue latine, telle qu'elle fut pratiquée à cette époque que les professeurs s'obstinent encore à appeler le grand siècle, ne l'intéressait guère. Cette langue restreinte, aux tournures comptées, presque invariables, sans souplesse de syntaxe, sans couleurs ni nuances ; cette langue, raclée sur toutes les coutures, émondée des expressions rocailleuses mais parfois imagées des âges précédents, pouvait, à la rigueur, énoncer les majestueuses rengaines, les vagues lieux communs rabâchés par les rhéteurs et par les poètes, mais elle dégageait une telle incuriosité, un tel ennui qu'il fallait, dans les études de linguistique, arriver au style français du siècle de Louis XIV, pour en rencontrer une aussi volontairement débilitée, aussi solennellement harassante et grise.

Et, en un autre passage du même roman :

> Au demeurant, la décomposition de la langue française s'était faite d'un coup. Dans la langue latine, une longue transition, un écart de quatre cents ans existait entre le verbe tacheté et superbe de Claudien et de Rutilius, et le verbe faisandé du VIIIe siècle. Dans la langue française aucun laps de temps, aucune succession d'âges n'avait eu lieu ; le style tacheté et superbe des de Goncourt et le style faisandé de Verlaine et de Mallarmé se coudoyaient à Paris, vivant en même temps, à la même époque, au même siècle.

Montaigne, dans ses *Essais*, prônait pour sa part une langue naturelle et vraie, conforme à ses goûts plutôt qu'à un modèle extérieur : « Au demeurant, mon langage n'a rien de facile et poly : il est aspre et desdaigneux, ayant ses dispositions libres et desreglées ; et me plaist ainsi, si non par mon jugement, par mon inclination. » (Livre II, chapitre XVII, « De la præsumption ») Rappelons que Michel Eyquem avait été élevé en latin et n'avait appris le français que dans un second temps ! Ce n'était donc pas sa langue maternelle ; il fit pourtant le choix d'écrire en français, pour ses amis, et ce choix est d'une importance considérable, tant la portée de l'œuvre a pu influer sur la langue tout entière en ce siècle qui la voyait se construire et s'affirmer. Montaigne n'entendait pourtant pas imposer quelque modèle que ce fût ; tout au contraire, il soulignait le caractère strictement personnel de son écriture, semblable à son parler :

> Je tors bien plus volontiers une bonne sentence pour la coudre sur moy, que je ne tors mon fil pour l'aller querir. Au rebours c'est aux paroles à servir et à suyvre, et que le Gascon y arrive, si le François n'y peut aller. Je veux que les choses surmontent, et qu'elles remplissent de façon l'imagination de celuy qui escoute, qu'il n'aye aucune souvenance des mots. Le parler que j'ayme, c'est un parler simple et naif, tel sur le papier qu'à la bouche ; un parler succulent et nerveux, court et serré, non tant delicat et peigné comme vehement et brusque :
>
> *Haec demum sapiet dictio, quae feriet*[1],
>
> plustost difficile qu'ennuieux, esloingné d'affectation, desreglé, descousu et hardy : chaque lopin y face son corps ; non pedantesque, non fratesque, non pleideresque, mais plustost soldatesque, comme Suetone appelle celuy de Julius Cæsar ; et si ne sens pas bien pour quoy il l'en appelle.

1. « L'expression sera bonne si elle frappe » (épitaphe de Lucain).

J'ay volontiers imité cette desbauche qui se voit en nostre jeunesse, au port de leurs vestemens : un manteau en escharpe, la cape sur une espaule, un bas mal tendu, qui represente une fierté desdaigneuse de ces paremens estrangers, et nonchallante de l'art. Mais je la trouve encore mieus employée en la forme du parler. Toute affectation, nommeement en la gayeté et liberté françoise, est mesadvenante au cortisan. Et, en une monarchie, tout Gentil'homme doit estre dressé à la façon d'un cortisan. Parquoy nous faisons bien de gauchir un peu sur le naïf et mesprisant.

Je n'ayme point de tissure où les liaisons et les coutures paroissent, tout ainsi qu'en un beau corps, il ne faut qu'on y puisse compter les os et les veines. « *Quae veritati operam dat oratio, incomposita sit et simplex.* »[2]

« *Quis accurate loquitur, nisi qui vult putide loqui ?* »[3]

L'éloquence faict injure aux choses, qui nous destourne à soy.
Comme aux accoustremens c'est pusillanimité de se vouloir marquer par quelque façon particuliere et inusitée : de mesmes, au langage, la recherche des frases nouvelles et de mots peu cogneuz vient d'une ambition puerile et pedantesque. Peusse-je ne me servir que de ceux qui servent aux hales à Paris !
(*Essais*, livre I, chapitre XXVI, « De l'institution des enfans »)

Malherbe faisait pareillement l'éloge d'une langue saine et simple susceptible d'être comprise par les « portefaix de la place Saint-Jean » et les « crocheteurs du Port-au-Foin » — attention, cela ne signifie pas que Malherbe loue l'incorrection, la grossièreté ou

---

2. « Le discours qui est au service de la vérité doit être simple et sans art. » (Sénèque)
3. « S'étudie-t-on à parler quand on ne veut pas parler avec affectation ? » (Sénèque)

l'argot que l'on a coutume d'associer à ce type de personnes ! Il s'agit plutôt de marquer sa volonté de revenir à une langue simple et « pure », débarrassée des créations et arabesques langagières en tout genre proposées par des auteurs tels Ronsard ou Du Bellay.

Depuis le XIXe siècle, les interrogations sur la langue semblent se multiplier, devenant même, chez nombre d'écrivains contemporains, le cœur de la création littéraire. Les recherches et remises en question varient selon que l'on est écrivain français de langue maternelle française ou écrivain francophone mais non français. Il ne faut en effet pas oublier tous les auteurs de la francophonie, qui écrivent en français mais peuvent être confrontés aux limites de cette langue pour transcrire certains éléments de leur culture, notamment quand elle est véhiculée oralement (citons Patrick Chamoiseau et son travail sur la culture et l'expression créoles). Les écrivains issus des pays anciennement colonisés qui font le choix d'écrire en français soulignent aussi parfois l'incapacité de cette langue à exprimer la situation, la culture de leur pays et de ses habitants ; sans oublier la mise en accusation du poids idéologique inhérent à la langue... Ces questions-là mériteraient un ouvrage à elles seules.

Dans ces pages, notre propos sera plus modeste. Ni étude scientifique, ni anthologie, ce livre n'a d'autre but que de mettre en lumière quelques pensées de quelques grands noms des lettres, de la Renaissance au XXe siècle. C'est une promenade subjective à travers les mouvements littéraires et les époques, qui invite le lecteur à aller plus loin, selon ses inclinations. Nous avons préféré présenter peu d'auteurs, mais donner de la place à leurs écrits. De même, nous avons choisi de suivre l'ordre chronologique, qui permet de peindre de manière impressionniste l'évolution du regard sur la langue et des préoccupations des auteurs la concernant, plutôt que de tenter des rapprochements thématiques ou idéologiques — lesquels auraient été plus pertinents que l'approche chronologique si l'on avait multiplié les auteurs.

« Il n'est d'écrivain qu'habité par la langue », notait Novalis en 1798. Place donc à ceux qui, inspirés par la langue, ont si bien su en parler.

Note de l'éditeur

Les textes anciens conservent pour la plupart les particularités orthographiques, syntaxiques et de ponctuation qui sont les leurs dans l'édition consultée par l'auteure. Cela permet de respecter le style des écrivains tout en donnant des exemples d'évolution de la langue et de ses usages.

DU BELLAY

Le principal but où je vise, c'est la défense
de notre langue, l'ornement et amplification d'icelle.

Joachim Du Bellay, *La Deffence, et Illustration de la Langue Francoyse*, livre II, chapitre XI

Joachim Du Bellay (1522-1560), né dans une famille illustre, étudie en sa jeunesse le droit à Poitiers. Il s'y lie d'amitié avec des humanistes, tel Muret, et des poètes fins connaisseurs du latin, tels Macrin ou Peletier du Mans, lequel est un ardent défenseur de la langue française. Avec Ronsard, dont il fait la connaissance à la même époque, Du Bellay monte à Paris. Au collège de Coqueret, les deux poètes rencontrent d'autres amoureux des belles-lettres, cultivant à la fois les Anciens et les Italiens, Pétrarque en tête. Ensemble, les jeunes gens prévoient une véritable révolution poétique. Dix ans après que François Ier a fait du français la langue des textes officiels, actes judiciaires, etc., avec l'ordonnance de Villers-Cotterêts (1539), lui conférant ainsi une nouvelle légitimité, Joachim Du Bellay, porte-parole de la Brigade (nom du groupe formé avec Ronsard et Baïf, entre autres), rédige un manifeste en faveur de l'usage de la langue française en littérature. Dans ce texte, il fait de « Guillaume du Lauris et Jean de Meung » les premiers poètes de la langue française dignes d'être lus, car on peut y voir « quasi comme une première image de la langue française, vénérable pour son antiquité ». Il loue aussi Jean Lemaire de Belges, qui lui semble être le premier à avoir « illustré et les Gaules et la langue française », offrant à celle-ci « beaucoup de mots et manières de parler poétiques ». Du Bellay encourage les néologismes, et donne des règles concernant la versification, les rimes, etc. Plus largement, la *Deffense, et Illustration de la Langue Francoyse* affirme l'égalité de valeur du français avec le latin et le grec ; son auteur montre qu'il suffit de cultiver la langue du royaume pour qu'elle devienne aussi précise, riche et élégante que ses cousines classiques. Au passage, il évoque la question théologique, brûlante à l'époque (peut-on lire les textes sacrés et prêcher en langue vulgaire ?), célèbre l'action de François Ier, lequel a rendu aux arts et aux lettres leur place, loue Étienne Dolet (qui finira sur le bûcher) comme celui qui « a formé l'Orateur français », cite en exemple Guillaume Budé et Lazare de Baïf. Il renvoie les traducteurs à leurs affaires et s'applique à montrer comment l'on peut, à l'instar des Grecs et des Romains — la comparaison revient dans tous les chapitres et sur tous les thèmes, dans le livre premier —, travailler à l'enrichissement de la langue française et, plus spécifiquement, à la création d'une poésie française digne de rivaliser avec les poésies grecque et latine — c'est l'objet du deuxième livre. Les auteurs plus récents, comme Marot, sont en revanche rejetés sans appel.

Ce manifeste promis à une belle postérité sert de préface au recueil *L'Olive, et quelques autres œuvres poétiques*, qui en est l'illustration. *L'Olive* est en effet le premier *canzoniere* français, avec ses cinquante sonnets développant un grand chant d'amour. Parmi les autres poèmes rassemblés dans ce recueil, on trouve les *Vers lyriques*, où transparaît l'influence d'Horace : encore une application du programme de la *Deffense*.

Au cours de la décennie suivante, Du Bellay, en dépit d'une mauvaise santé, continue de publier des vers ainsi que des traductions, et embrasse une carrière diplomatique. De 1553 à 1557, il est à Rome, au service de son oncle, le cardinal Jean Du Bellay. Déçu par son travail et par la Rome pontificale, nostalgique de son pays, il écrit énormément au cours de ces années. À son retour en France, en 1558, il fait paraître deux recueils de sonnets, au ton personnel et souvent pessimiste : *Les Regrets* et *Les Antiquités de Rome*. Ce sont là ses œuvres les plus célèbres. Il publie en outre, toujours dans le fil des Anciens, des *Jeux rustiques* et des *Poemata*. Bien que de plus en plus affaibli par la maladie, Du Bellay propose en 1559 une traduction de *La Nouvelle Manière de faire son profit des lettres*, satire en latin d'Adrien Turnèbe (1512-1565), qu'il assortit d'une satire de son cru : *Le Poète courtisan*. Après sa mort, qui survient en 1560, d'autres écrits sont publiés, dont le *Discours au roi sur la poésie*, et une traduction du livre VI de l'*Énéide* (il avait déjà traduit le livre IV en 1552). Partout s'affirme le but qu'il s'était donné dans la *Deffense* : faire du français une langue poétique capable de rivaliser avec le latin et le grec, et renouveler les formes poétiques françaises, comme l'ont fait les Italiens chez eux.

La Deffence, et Illustration de la Langue Francoyse, Paris, Arnoul l'Angelier, 1549.

Après avoir évoqué l'origine des langues, Du Bellay expose le but qu'il se propose dans cet ouvrage : montrer aux « savants » que le français (qu'il nomme « notre vulgaire », au sens premier du latin *vulgarius*, « commun, banal, ordinaire », et sans connotation péjorative) est digne de servir les belles-lettres et l'érudition, au même titre que le latin ou le grec. Le poète considère qu'on ne saurait dire du français qu'il est une langue « barbare » et explique d'où vient sa relative pauvreté par rapport aux langues anciennes : ce n'est pas un défaut intrinsèque, mais le résultat de la négligence des ancêtres, qui ne l'ont pas cultivé. Citons le début de la métaphore horticole, ou agricole, que file l'auteur dans le chapitre III :

> Ainsi puis-je dire de notre langue, qui commence encore à fleurir sans fructifier, ou plutôt, comme une plante et vergette, n'a point encore fleuri, tant s'en faut qu'elle ait apporté tout le fruit qu'elle pourrait bien produire. Cela certainement non pour le défaut de la nature d'elle, aussi apte à engendrer que les autres, mais pour la coulpe de ceux qui l'ont eue

> en garde, et ne l'ont cultivée à suffisance, mais comme une plante sauvage, en celui même désert où elle avait commencé à naître, sans jamais l'arroser, la tailler, ni défendre des ronces et épines qui lui faisaient ombre, l'ont laissée envieillir et quasi mourir.

Dans le deuxième livre, après avoir sévèrement jugé les poètes célèbres de son temps, qui n'ont pas assez œuvré pour le français selon lui, Du Bellay évoque le type de poèmes qu'il convient de composer en français, et ceux qu'il faut laisser de côté, car ils n'apporteront rien à la langue. Il encourage ainsi ses collègues à composer des sonnets, à l'instar de Pétrarque en son « vulgaire toscan », ou des poèmes longs, qui illustrent la langue et l'histoire de la France en une moderne *Énéide*. Il incite aussi, dans le chapitre VI, le poète nouveau à créer des mots — et l'on sait l'importance des néologismes au XVIe siècle.

> Nul, s'il n'est vraiment du tout ignare, voire privé du sens commun, ne doute point que les choses n'aient premièrement été, puis, après, les mots avoir été inventés pour les signifier : et par conséquent aux nouvelles choses être nécessaire imposer nouveaux mots, principalement ès arts, dont l'usage n'est point encore commun et vulgaire, ce qui peut arriver souvent à notre poète, auquel sera nécessaire emprunter beaucoup de choses non encore traitées en notre langue. Les ouvriers (afin que je ne parle des sciences libérales) jusques aux laboureurs mêmes, et toutes sortes de gens mécaniques, ne pourraient conserver leurs métiers, s'ils n'usaient de mots à eux usités et à nous inconnus. Je suis bien d'opinion que les procureurs et avocats usent de termes propres à leur profession, sans rien innover : mais vouloir ôter la liberté à un savant homme, qui voudra enrichir sa langue, d'usurper quelquefois des vocables non vulgaires, ce serait restreindre notre langage, non encore assez riche, sous une trop plus rigoureuse loi que celle que les Grecs et les Romains se sont donnée. Lesquels, combien

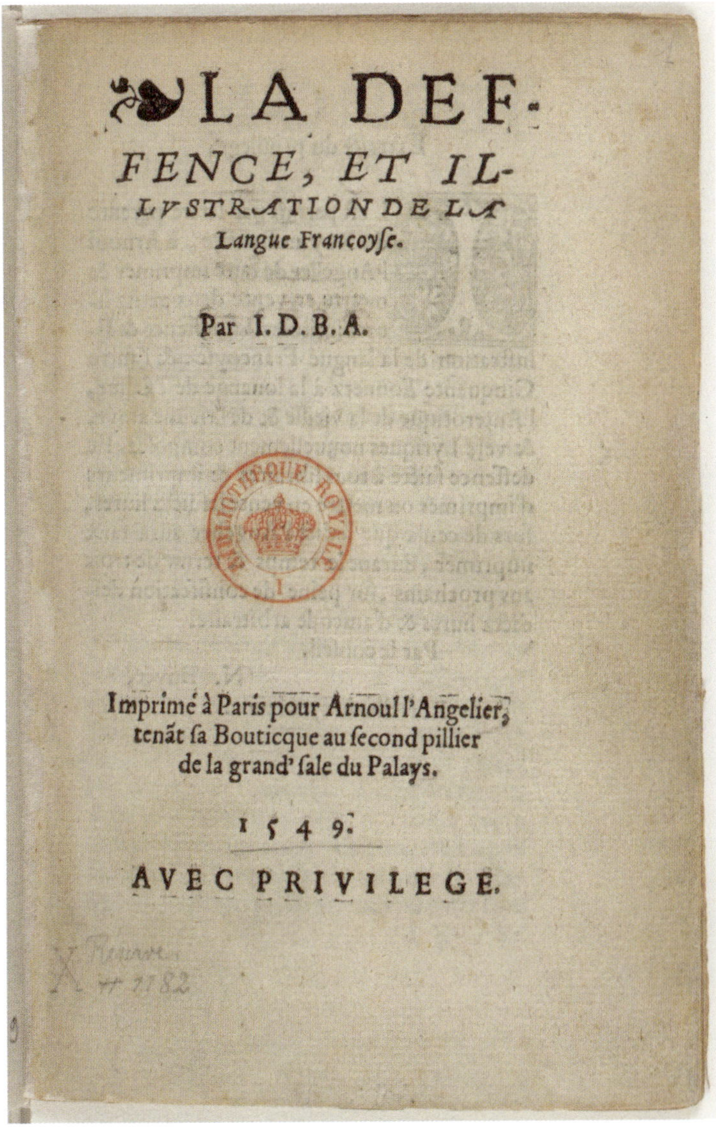

LA DEFFENCE, ET ILLVSTRATION DE LA Langue Francoyse.

Par I.D.B.A.

Imprimé à Paris pour Arnoul l'Angelier, tenãt sa Boutique au second pillier de la grand' sale du Palays.

1549.

AVEC PRIVILEGE.

Page de titre de La Deffence, et Illustration de la Langue Francoyse, par Joachim Du Bellay, Paris, Arnoul L'Angelier, 1549. Paris, Bibliothèque nationale de France, RES-X-1888.

> qu'ils fussent, sans comparaison, plus que nous copieux et riches, néanmoins ont concédé aux doctes hommes user souvent de mots non accoutumés ès choses non accoutumées. Ne crains donc, poète futur, d'innover quelque terme en un long poème, principalement, avec modestie toutefois, analogie et jugement de l'oreille, et ne te soucie qui le trouve bon ou mauvais : espérant que la postérité l'approuvera, comme celle qui donne foi aux choses douteuses, lumière aux obscures, nouveauté aux antiques, usage aux non accoutumées, et douceur aux âpres et rudes. Entre autres choses se garde bien notre poète d'user de noms propres latins ou grecs, chose vraiment aussi absurde, que si tu appliquais une pièce de velours vert à une robe de velours rouge [...] Quant au reste, use de mots purement français, non toutefois trop communs, non point aussi trop inusités, si tu ne voulais quelquefois usurper, et quasi comme enchâsser ainsi qu'une pierre précieuse et rare, quelques mots antiques en ton poème, à l'exemple de Virgile, qui a usé de ce mot *olli* pour *illi*, *aulai* pour *aulae*, et autres. Pour ce faire, te faudrait voir tous ces vieux romans et poètes français, où tu trouveras un *ajourner* pour *faire jour*, que les praticiens se sont fait propre ; *anuyter* pour *faire nuit* ; *assener* pour *frapper* où on visait, et proprement d'un coup de main ; *isnel* pour *léger*, et mille autres bons mots, que nous avons perdus par notre négligence. Ne doute point que le modéré usage de tels vocables ne donne grande majesté tant au vers, comme à la prose : ainsi que font les reliques des saints aux croix, et autres sacrés joyaux dédiés au temple.

Le poète traite ensuite de la versification et du problème des rimes. Il note, incidemment, que l'orthographe française a « été dépravée par les praticiens », et souligne l'importance du travail de Louis Meigret pour remédier à ces problèmes : « Et pour ce que Loys Megret, non moins amplement que doctement, a traité cette partie, lecteur, je te renvoie à son livre. » Puis il évoque des figures de style diverses (épigrammes, anagrammes, acrostiches, etc.). Dans le chapitre IX, il revient sur les usages et façons de parler qu'il recommande :

> Et tout ainsi qu'entre les auteurs latins, les meilleurs sont estimés ceux qui de plus près ont imité les Grecs, je veux aussi que tu t'efforces de rendre, au plus près du naturel que tu pourras, la phrase et manière de parler latine, en tant que la propriété de l'une et l'autre langue le voudra permettre. Autant te dis-je de la grecque, dont les façons de parler sont fort approchantes de notre vulgaire, ce que même on peut connaître par les articles inconnus de la langue latine. Use donc hardiment de l'infinitif pour le nom, comme l'aller, le chanter, le vivre, le mourir ; de l'adjectif substantivé, comme le liquide des eaux, le vide de l'air, le frais des ombres, l'épais des forêts, l'enroué des cimballes, pourvu que telle manière de parler ajoute quelque grâce et véhémence, et non pas le chaud du feu, le froid de la glace, le dur du fer, et leurs semblables ; des verbes et participes, qui de leur nature n'ont point d'infinitifs après eux, avec des infinitifs, comme tremblant de mourir et volant d'y aller, pour craignant de mourir et se hâtant d'y aller ; des noms pour les adverbes, comme ils combattent obstinés pour obstinément, il vole léger pour légèrement ; et mille autres manières de parler, que tu pourras mieux observer par fréquente et curieuse lecture, que je ne te les saurais dire. Entre autres choses je t'avertis user souvent de la figure antonomasie, aussi fréquente aux anciens poètes, comme peu usitée, voire inconnue des Français. La grâce d'elle est quand on désigne le nom de quelque chose par ce qui lui est propre, comme le Père foudroyant pour Jupiter, le Dieu deux fois né pour Bacchus, la Vierge chasseresse pour Diane. Cette figure a beaucoup d'autres espèces que tu trouveras chez les rhétoriciens, et a fort bonne grâce,

principalement aux descriptions, comme : depuis ceux qui voient premiers rougir l'aurore, jusques là où Thétis reçoit en ses ondes le fils d'Hypérion, pour depuis l'Orient jusques à l'Occident [...] Quant aux épithètes, qui sont en nos poètes français, la plus grande part ou froids, ou oiseuses, ou mal à propos, je veux que tu en uses de sorte que sans eux ce que tu dirais serait beaucoup moindre, comme la flamme dévorante, les soucis mordants, la geinante sollicitude, et regarde bien qu'ils soient convenables, non seulement à leurs substantifs, mais aussi à ce que tu décriras, afin que tu ne dises l'eau ondoyante, quand tu veux la décrire impétueuse, ou la flamme ardente, quand tu veux la montrer languissante. Tu as Horace entre les Latins fort heureux en ceci, comme en toutes choses. Garde-toi aussi de tomber en un vice commun, même aux plus excellents de notre langue, c'est l'omission des articles. Tu as exemple de ce vice en infinis endroits de ces petites poésies françaises. J'ai quasi oublié un autre défaut bien usité et de très mauvaise grâce : c'est quand en la quadrature des vers héroïques la sentence est trop abruptement coupée, comme : Sinon que tu en montres un plus sûr. Voilà ce que je te voulais dire brièvement de ce que tu dois observer tant au vers comme à certaines manières de parler, peu ou point encore usitées des Français.

Conseils de lecture

Joachim Du Bellay, *La Deffence, et Illustration de la Langue Francoyse*, Paris, Arnoul l'Angelier, 1549. Le texte est accessible en ligne sur le site de Gallica. On peut aussi consulter l'édition proposée par Francis Goyet et Olivier Millet dans le premier tome des *Œuvres complètes* de Joachim Du Bellay, Paris, Champion, 2003.

Rabelais, le goût des mots

François Rabelais (1494-1553), autre figure majeure du siècle, venue avant les poètes de la Pléiade, avait du français un usage très différent, ancré dans une liberté joyeuse et un appétit apparemment sans frein. Grand pourvoyeur de néologismes — on lui doit, entre autres, *frugal*, *anicroche*, *automate* ou encore *haltères* —, qu'il forgeait à partir du latin, du grec ou des divers dialectes français, il fut aussi l'importateur de mots (mets) nouveaux, tels *saucisson* ou *macaron*, empruntés à l'italien, se plut à donner des sens inédits aux termes existants (comme *quintessence*, que l'on employait dans le domaine de l'alchimie mais auquel il attribua le sens que l'on connaît aujourd'hui), et ne dédaigna pas les mots vieillis. Pour toutes ces raisons, et du fait aussi de sa culture encyclopédique qui lui permettait de parler de tout en usant de termes techniques parfois peu connus, il était déjà difficile à comprendre pour ses contemporains; à l'écrit du moins, car cette langue, marquée par l'oralité (dans tous les sens du terme) « s'entendait » bien mieux à l'oral!

MALHERBE

> [...] il vouloit deffendre jusques à la mort
> la pureté de la langue Françoise.
>
> Honorat de Bueil de Racan, *La Vie de Malherbe*

S'il est un auteur qui, dans l'histoire, a su créer une authentique école, c'est bien François de Malherbe (1555-1628). Après avoir étudié le droit, il entre au service du duc d'Angoulême, qu'il suit en Provence. Bien qu'ayant commencé assez tôt à écrire des vers, il tarde à rencontrer le succès — et, plus encore, un nouveau protecteur suite au décès du duc d'Angoulême en 1586. Sa dédicace des *Larmes de saint Pierre* à Henri III ne mène à rien ; l'ode composée en l'honneur de l'arrivée en France de Marie de Médicis n'a pas davantage d'effet. Puis, la chance tourne finalement, et, à compter de 1604, Malherbe, homme d'âge mûr et plus que mûr même, devient poète officiel du roi Henri IV. Sa faveur perdure sous la régence de Marie de Médicis et sous le règne de Louis XIII, jusqu'à sa mort en 1628. C'est au cours de cette période privilégiée qu'il affine sa doctrine et entreprend de régler la langue et la poésie françaises, gagnant auprès de ses détracteurs le titre de « tyran des mots et des syllabes ».

Dans les pièces de ses débuts, Malherbe inclinait du côté de l'art baroque, influencé par l'italianisme et le style de ses illustres prédécesseurs, Ronsard en tête. Devenu théoricien et poète du roi, il rejette ses amours de jeunesse pour prôner une langue épurée, dépouillée, marquée par la solennité et la recherche de la grandeur. S'opposant à l'idée d'une inspiration poétique comme au lyrisme personnel, il cisèle une poésie et une langue fondées sur le travail, la raison. Chose curieuse, il n'a pas laissé d'art poétique en bonne et due forme. Cependant, on peut aisément reconstituer celui-ci en s'appuyant sur plusieurs types de sources : les critiques qu'il proféra contre Desportes (un millier d'observations environ furent notées par Malherbe dans son édition des *Premières Œuvres de Philippe Desportes* !) ; les poésies, traductions et commentaires qu'il rédigea, qui sont une application exemplaire de sa doctrine ; les corrections qu'il fit sur les textes de ses disciples ; enfin, les témoignages de ces derniers, tel Racan (1589-1670), auteur de mémoires sur la vie de Malherbe. Notons que nombreux furent ceux qui se présentèrent en héritiers du réformateur de la langue française : Vaugelas, La Fontaine ou Racine, pour ne citer qu'eux ; quant à savoir s'ils appliquèrent vraiment ses préceptes…

Malherbe veut une langue pure (on rapporte qu'il aurait professé jusque sur son lit de mort son désir de défendre la pureté de la langue française), débarrassée des créations multiples de ses prédécesseurs de la Pléiade, qui avaient voulu enrichir le français. Contre Du Bellay et Ronsard, contre Montaigne aussi, il retranche régionalismes (il dit, d'après plusieurs sources, qu'il faut « dégasconner » la langue de la Cour), termes techniques, archaïsmes, mots dérivés nouveaux, mots « bas » tout autant que jargon poétique. Malherbe privilégie en somme un lexique relativement pauvre mais rigoureux, une austérité, une simplicité de bon aloi et des écrits dans lesquels chaque mot a un sens et est nécessaire. Contre la manière de ses débuts, il demande la restriction des figures de rhétorique (ce qui ne l'empêche pas de continuer à en utiliser) et une forme de retenue, de pudeur dans le langage qui demeurera en vigueur à travers le siècle ; la litote n'est-elle pas l'une des figures les plus prisées de la langue classique ?

Pareillement strict en matière de versification, Malherbe fait table rase de la poésie passée et contemporaine pour affirmer des codes rigides : coupe à l'hémistiche dans les alexandrins, absence de rejet, interdiction des hiatus et autres sons disgracieux, traque des rimes faciles ou fondées sur des mots de la même famille, etc. On pourrait dire, en assumant l'anachronisme, qu'il incarne l'anti-poète romantique.

Par ces règles, Malherbe veut faire du français une langue claire, précise, et de la poésie, un art accessible aux grands comme au peuple. Car, qu'on ne s'y trompe pas : sa doctrine, exigeante et contraignante, n'est pas élitiste. Au contraire, elle tend à rendre la langue accessible à tous. De ce point de vue, la pensée de Malherbe fait preuve d'une modernité largement méconnue.

Nous donnons ci-dessous deux citations de disciples de Malherbe, qui montrent l'attention que le poète-grammairien portait au bon usage, le rôle d'arbitre de la langue qu'on lui attribuait, et, ce qui n'est pas le moins intéressant, le caractère quelque peu difficile qu'il opposait aux autres, qu'ils fussent miséreux ou roi de France.

Honorat de Bueil de Racan, « La Vie de Malherbe », dans *Divers traitez d'histoire, de morale et d'éloquence*, Paris, Veuve Claude Thiboust et Pierre Esclassan, 1672.

> Monsieur de Thermes reprenant Racan d'un vers qu'il a changé depuis, & où il y avoit, parlant d'vn homme champestre,
>
> *Le labeur de ses bras rend sa maison prospere.*
>
> Racan lui répondit que Malherbe avoit vsé de ce mot, prospere, en ce vers :
>
> *O que la fortune prospere.*
>
> Malherbe qui estoit present, luy dit brusquement, hé bien morbleu, si je fais vne sottise, en voulez-vous faire vne autre ?

Quand on luy montroit quelques vers où il y avoit des mots superflus, il disoit, que c'estoit vne bride de cheval attachée avec vne éguillette.

[...]

Il ne pouvoit souffrir que les pauvres demandant l'aumosne, disent noble Gentilhomme, il disoit que noble estoit superflu, & que s'il estoit Gentil-homme, il estoit noble.

[...]

Vne fois, le Roy Henry le Grand, luy montrant la premiere Lettre que le feu Roy Louis XIII avoit écrite à sa Majesté, Malherbe ayant remarqué, qu'il avoit signé Lois, au lieu de Louis, demanda assez brusquement au Roy, si Monseigneur le Dauphin avoit nom Lois ; le Roy estonné de cette demande en voulut sçavoir la cause, Malherbe luy fit voir qu'il avoit signé Lois & non pas Louis, ce qui donna lieu d'envoyer querir celui qui apprenoit à écrire à Monseigneur le Dauphin, pour luy enjoindre de luy faire mieux ortographier son nom, & voila d'où vient que Malherbe disoit estre cause que le deffunt Roy s'appelloit Louis.

[...]

Il y eust vne grande contestation entre ceux du païs d'Adiousias, qui estoient tous ceux de delà la Loire, & ceux du païs de deça, qu'il appelloit du païs de Dieu vous conduise ; sçavoir s'il falloit appeler le petit vase, dont on se sert pour manger du potage, vn cuiller, ou vne cuillere, la raison de ceux du païs d'Adiousias, d'où estoit Henry le Grand, ayant esté nourry en Bearn, estoit que ce mot estant feminin, il devoit avoir vne terminaison feminine. Le païs de Dieu vous conduise, alleguoit outre l'vsage, qu'il n'estoit pas sans exemple de voir des mots feminins avoir des terminaisons masculines, & qu'ainsi l'on dit vne perdrix, & vne met à Boulanger; enfin cette dispute dura si lon-temps, qu'elle obligea le Roy d'en demander à malherbe son sentiment, & son avis fut qu'il falloit dire cuiller. Le Roy neanmoins ne se rendant point à ce jugement, il luy dit ces mesmes mots, Sire, vous estes le plus absolu Roy qui ait jamais gouverné la France, & avec tout cela vous ne sçauriez faire dire de deça la Loire vne cueillere, à moins que de faire deffenses à peine de cent livres d'amende de la nommer autrement.

Monsieur de Bellegarde, qui estoit Gascon, luy envoyant demander lequel estoit mieux dit, de dépensé ou dépendu, il répondit sur le champ, que dépensé estoit plus François; mais que pendu, dépendu, rependu, & tous les composez de ce vilain mot, qui luy vinrent à la bouche estoient plus propres pour les Gascons.

Quand on luy demandoit son avis de quelques vers François, il renvoyoit ordinairement aux crocheteurs du Port-au-Foin, & disoit que c'estoient les maistres pour le langage, ce qui peut-estre a donné lieu à Regnier de dire,

> *Comment il faudrait donc faire pour faire une œuvre grande,*
> *Qui de la calomnie, & du temps se deffende,*
> *Et qui nous donne rang parmy les bons Auteurs?*
> *Parler comme à Saint Jean parlent les Crocheteurs.*

[...]

Et, pour finir :

On dit qu'vne heure avant que de mourir, aprés avoir esté deux heures à l'agonie, il se réveilla comme en sursaut, pour reprendre son hostesse, qui luy servoit de garde, d'vn mot qui n'estoit pas bien François à son gré, & comme son Confesseur luy en fit reprimende, il luy dit, qu'il ne pouvoit s'en empécher, & qu'il vouloit deffendre jusques à la mort la pureté de la langue Françoise.

Jean-Louis Guez de Balzac, « Remarques sur des Sermons & sur des Traitez de controverse » (discours dixième), *Socrate chrestien, par le Sr de Balzac, & autres œuvres du mesme autheur*, Paris, Augustin Courbé, 1652.

Le portrait que dresse Guez de Balzac de son prédécesseur dans un chapitre du *Socrate chrétien* est bien plus critique et acerbe. Malherbe, jamais nommé mais aisément identifiable, y apparaît comme un ergoteur ridicule. Cela surprend dans la mesure où Guez de Balzac se disait en d'autres écrits le fils (spirituel) de Malherbe et louait fréquemment le maître, lequel, en regard, admirait son travail sur la langue. On a aussi coutume de dire que Guez de Balzac a opéré pour la prose ce que Malherbe a fait pour la poésie ; il est vrai que les deux hommes partagent un même idéal de clarté et d'élégance de la langue. Mais le « Socrate chrétien » qui s'exprime dans cet ouvrage semble penser autrement !

> Vous vous souuenez du vieux Pedagogue de la Cour, & qu'on appelloit autre-fois le Tyran des mots & des sillabes, & qui s'appelloit luy-mesme, lors qu'il estoit en belle humeur, le Grammairien à lunettes & en cheveux gris. N'ayons point dessein d'imiter ce que l'on compte de ridicule de ce vieux Docteur. Nostre ambition se doit proposer de meilleurs Exemples. I'ay pitié d'vn homme qui fait de si grandes differences entre *pas & point* ; qui traitte l'affaire des Gerondifs & des Participes, comme si c'estoit celle de deux Peuples voisins l'vn de l'autre, & ialoux de leurs frontieres. Ce Docteur en langue vulgaire, auoit accoustumé de dire que depuis tant d'années, il trauailloit à dégasconner la Cour, & qu'il n'en pouuoit venir à bout. La Mort l'attrapa sur l'arrondissement d'vne Periode, & l'an climaterique l'avoit surpris, deliberant si *Erreur & Doute* estoient masculins ou feminins. Auec quelle attention vouloit-il qu'on l'escoutast, quand il dogmatisoit de l'vsage & de la vertu des Particules ?

Croyons-en les anciens Peres, & si vous le voulez, croyons-en mesmes les Peres Modernes. Suiuons le conseil que le Pere Leonard Lessius donnoit à son ami Iuste-Lipse. C'EST ASSEZ FAIRE L'ENFANT, ET S'AMUSER À CE IEV DE MOTS ET DE SILLABES ; IL FAVT VIEILLIR PLVS SERIEVSEMENT, ET DANS DE PLUS GRAVES ET DE PLUS IMPORTANTES PENSEES. La proprieté, la regularité, la beauté mesme du langage ne doit pas estre la fin de l'homme. Il ne faut pas songer aux roses & aux violettes, quand la saison de la recolte est venuë.

Conseils de lecture

René Fromilhague, *La Vie de Malherbe. Apprentissages et luttes, 1555-1610*, Paris, Armand Colin, 1954.

Honorat de Bueil de Racan, « La Vie de Malherbe », dans *Divers traitez d'histoire, de morale et d'éloquence*, Paris, Veuve Claude Thiboust et Pierre Esclassan, 1672. Le texte est accessible sur Gallica.

La critique de Malherbe par Régnier

Mathurin Régnier (1573-1613), neveu de Desportes, est célèbre surtout pour ses satires. Par son ton, sa langue et sa conception de l'écriture, il s'oppose à Malherbe pied à pied, bien qu'il lui ait été lié pendant un temps. Il se réclame de Ronsard et des poètes de la Pléiade, mais aussi de Juvénal, Horace et Montaigne. Défenseur de l'inspiration personnelle, il entend suivre la nature et laisser libre cours à sa verve naturelle. La *Satire IX à Rapin* (publiée pour la première fois en 1608) donne de Malherbe et ses disciples un portrait… piquant :

> Cependant leur savoir ne s'étend seulement
> Qu'à regratter un mot douteux au jugement,
> Prendre garde qu'un *qui* ne heurte une diphtongue,
> Épier si des vers la rime est brève ou longue,

Ou bien si la voyelle à l'autre s'unissant
Ne rend point à l'oreille un son trop languissant,
Et laissent sur le vert le noble de l'ouvrage.
Nul aiguillon divin n'élève leur courage;
Ils rampent bassement, faibles d'inventions,
Et n'osent, peu hardis, tenter les fictions,
Froids à l'imaginer : car, s'ils font quelque chose,
C'est proser de la rime et rimer de la prose,
Que l'art lime et relime, et polit de façon
Qu'elle rend à l'oreille un agréable son;
Et voyant qu'un beau feu leur cervelle n'embrase,
Ils attifent leurs mots, enjolivent leur phrase,
Affectent leur discours tout si relevé d'art,
Et peignent leurs défauts de couleur et de fard.

BOILEAU

> Ce que l'on conçoit bien s'énonce clairement,
> Et les mots pour le dire arrivent aisément.
>
> Nicolas Boileau, *L'Art poétique*, chant I

Arrivé après Malherbe, Guez de Balzac et Vaugelas, qui ont édicté des règles durables et codifié la langue et l'art d'écrire, Nicolas Boileau, dit Boileau-Despréaux (1636-1711), incarne, au même titre que Jean Racine, une forme d'apogée du classicisme. Bien sûr, il contribua à définir et théoriser ce dernier, mais il ne l'inspira pas, contrairement à ce que l'on peut parfois lire, pour la simple et excellente raison qu'il vint après la plupart des grandes plumes du classicisme. Modèle de l'homme de lettres, louant raison, vérité et nature, l'écrivain, né à Paris au sein d'une famille bourgeoise, étudie la théologie et le droit. Destiné à être avocat, il suit plutôt sa vocation littéraire, à laquelle il peut se livrer grâce à l'héritage que lui laisse son père, décédé en 1657. Boileau s'illustre en premier lieu dans la veine satirique, dans la lignée d'un Horace ou, plus près de lui, d'un Mathurin Régnier. Corneille et le poète Chapelain font les frais d'un pamphlet écrit à plusieurs (avec notamment Furetière et Racine), *Le Chapelain décoiffé*. Boileau est l'auteur également d'une parodie de roman précieux (*Dialogue des héros de roman*), et surtout des *Satires*, dont les sept premières paraissent en 1666 et sont rééditées, augmentées de deux autres, en 1668. À 30 ans, il est célèbre, fréquente ses aînés Molière et La Fontaine, ainsi que Racine, dont il restera l'ami proche. Il suscite l'admiration autant que les inimitiés. C'est à cette époque qu'il entreprend la rédaction d'un *Art poétique*, sur le modèle des auteurs anciens. Ce poème didactique paraît en 1674, dans le recueil intitulé *Œuvres diverses*, assorti des *Épîtres* (I à IV), toujours dans le fil des œuvres latines, et d'un *Traité sur le sublime*, traduction d'un ouvrage alors attribué au Grec Longin (rhéteur du IIIe siècle de notre ère), auxquels s'ajoute un poème héroï-comique, *Le Lutrin*. C'est dans ce recueil qu'éclate au grand jour l'esthétique de Boileau, miroir du classicisme français.

Devenu historiographe du roi, comme Racine, reçu à l'Académie en 1684, l'écrivain publie de nouvelles *Épîtres* et enrichit *Le Lutrin* de deux chants. C'est un fervent sectateur des Anciens contre les Modernes, dont Charles Perrault fait l'éloge à l'Académie le 27 janvier 1687, avec son poème *Le Siècle de Louis le Grand*. La séance est demeurée dans les annales de l'histoire littéraire, car elle marque le début de la querelle des Anciens et des Modernes. L'*Ode pindarique sur la prise de Namur* de Boileau et son *Discours sur l'Ode* (1693), sans oublier, en 1694, ses *Réflexions sur Longin*, peuvent faire figure de contre-attaques ; mais le vent tourne, les goûts changent, en sa défaveur. Il rédige de nouvelles *Satires*, dont certaines, la douzième notamment, sur l'équivoque, suscitent l'animosité des jésuites qui empêchent sa publication.

Aussi contempteur des précieux que des burlesques, hostile à la casuistique des jésuites, Boileau prône une esthétique littéraire proche d'une morale de la sincérité, et la poursuite d'un beau qu'il estime universel, absolu, de même que la vérité (« rien n'est beau que le vrai, le vrai seul est aimable », *Épître IX*), à travers une démarche raisonnée. Sa vision de la langue est pareillement fondée sur une exigence de clarté, d'harmonie, et une forme d'économie opposée aux excès précieux comme à toute forme de vulgarité ou de bizarrerie. Chez Boileau enfin, l'expression est soumise à l'idée, comme la rime à la raison.

« L'Art poétique », chant I, *Œuvres diverses*, Paris, Denys Thierry, 1674.

Ce long poème didactique, inspiré des arts poétiques antiques (Aristote, Longin, Quintilien, Horace, etc.), exprime l'idéal de Boileau et, aux yeux de la postérité, l'idéal classique dans son ensemble. Partisan d'un art qui exprime le vrai tant qu'il est vraisemblable, comme l'explique le chant III dédié au théâtre, et d'une nature épurée de ses excès ou particularités, Boileau défend l'usage d'une langue claire et juste, laquelle, parmi de multiples expressions, adopte toujours la seule qui soit parfaitement « bonne » (c'est le terme qu'il emploie) pour traduire l'idée. C'est dans le chant I de ce poème de 1100 alexandrins que l'auteur examine plus particulièrement l'art de bien écrire

— entendez : l'art laborieux, au sens strict, de trouver la forme la plus claire, la plus simple, la plus naturelle, conforme à la pensée, cette dernière étant elle-même informée par la raison —, rendant au passage hommage au travail fondateur de Malherbe.

Enfin Malherbe vint, et, le premier en France,
Fit sentir dans les vers une juste cadence,
D'un mot mis en sa place enseigna le pouvoir,
Et réduisit la muse aux règles du devoir.
Par ce sage écrivain la langue réparée
N'offrit plus rien de rude à l'oreille épurée.
Les stances avec grâce apprirent à tomber,
Et le vers sur le vers n'osa plus enjamber.
Tout reconnut ses lois; et ce guide fidèle
Aux auteurs de ce temps sert encor de modèle.
Marchez donc sur ses pas; aimez sa pureté,
Et de son tour heureux imitez la clarté.
Si le sens de vos vers tarde à se faire entendre,
Mon esprit aussitôt commence à se détendre;
Et, de vos vains discours prompt à se détacher,
Ne suit point un auteur qu'il faut toujours chercher.
Il est certains esprits dont les sombres pensées
Sont d'un nuage épais toujours embarrassées;
Le jour de la raison ne le sauroit percer.
Avant donc que d'écrire apprenez à penser.
Selon que notre idée est plus ou moins obscure,
L'expression la suit, ou moins nette, ou plus pure.
Ce que l'on conçoit bien s'énonce clairement,
Et les mots pour le dire arrivent aisément.
Surtout qu'en vos écrits la langue révérée
Dans vos plus grands excès vous soit toujours sacrée.
En vain vous me frappez d'un son mélodieux,
Si le terme est impropre, ou le tour vicieux :
Mon esprit n'admet point un pompeux barbarisme,

Ni d'un vers ampoulé l'orgueilleux solécisme.
Sans la langue, en un mot, l'auteur le plus divin,
Est toujours, quoi qu'il fasse, un méchant écrivain.
Travaillez à loisir, quelque ordre qui vous presse.
Et ne vous piquez point d'une folle vitesse :
Un style si rapide, et qui court en rimant,
Marque moins trop d'esprit, que peu de jugement,
J'aime mieux un ruisseau qui, sur la molle arène,
Dans un pré plein de fleurs lentement se promène,
Qu'un torrent débordé qui, d'un cours orageux,
Roule, plein de gravier, sur un terrain fangeux.
Hâtez-vous lentement ; et, sans perdre courage,
Vingt fois sur le métier remettez votre ouvrage :
Polissez-le sans cesse et le repolissez ;
Ajoutez quelquefois, et souvent effacez.
C'est peu qu'en un ouvrage où les fautes fourmillent,
Des traits d'esprit semés de temps en temps pétillent.
Il faut que chaque chose y soit mise en son lieu ;
Que le début, la fin répondent au milieu ;
Que d'un art délicat les pièces assorties
N'y forment qu'un seul tout de diverses parties,
Que jamais du sujet le discours s'écartant
N'aille chercher trop loin quelque mot éclatant.
Craignez-vous pour vos vers la censure publique ?
Soyez-vous à vous-même un sévère critique.
L'ignorance toujours est prête à s'admirer.
Faites-vous des amis prompts à vous censurer ;
Qu'ils soient de vos écrits les confidens [*sic*] sincères,
Et de tous vos défauts les zélés adversaires.
Dépouillez devant eux l'arrogance d'auteur ;
Mais sachez de l'ami discerner le flatteur.
Tel vous semble applaudir, qui vous raille et vous joue.
Aimez qu'on vous conseille, et non pas qu'on vous loue.
Un flatteur aussitôt cherche à se récrier :
Chaque vers qu'il entend le fait extasier.

Tout est charmant, divin : aucun mot ne le blesse;
Il trépigne de joie, il pleure de tendresse;
Il vous comble partout d'éloges fastueux.
La vérité n'a point cet air impétueux.
Un sage ami, toujours rigoureux, inflexible,
Sur vos fautes jamais ne vous laisse paisible :
Il ne pardonne point les endroits négligés,
Il renvoie en leur lieu les vers mal arrangés,
Il réprime des mots l'ambitieuse emphase;
Ici le sens le choque, et plus loin c'est la phrase.
Votre construction semble un peu s'obscurcir :
Ce terme est équivoque : il le faut éclaircir.
C'est ainsi que vous parle un ami véritable.

Les quatre chants de l'*Art poétique* de 1674 sont complétés en 1701 par la préface à la nouvelle édition des *Œuvres diverses* de l'auteur, où Boileau renouvelle l'affirmation de ses principes et affine sa conception de l'œuvre réussie et du style.

« Préface », *Œuvres diverses du Sr Boileau Despréaux, avec le Traité du sublime ou Du merveilleux dans le discours*, Paris, Denys Thierry, 1701.

Un bon mot n'est un bon mot qu'en ce qu'il dit une chose que chacun pensait, et qu'il la dit d'une manière vive, fine et nouvelle.

Et, plus loin :

Puis donc qu'une pensée n'est belle qu'en ce qu'elle est vraie; et que l'effet infaillible du vrai, quand il est bien énoncé, c'est de frapper les hommes; il s'ensuit que ce qui ne frappe point les hommes, n'est ni beau ni vrai, ou qu'il est mal énoncé : et que par conséquent un ouvrage qui n'est point goûté du public, est un très méchant ouvrage.

Conseils de lecture

Nicolas Boileau, *Satires, Épîtres, Art poétique*, Paris, Gallimard, 1985. On trouve sur Gallica diverses éditions du XIXe siècle de ces mêmes œuvres.

Nicolas Boileau, *Œuvres diverses du Sr Boileau Despréaux, avec la Traité du sublime ou Du merveilleux dans le discours*, Paris, Denys Thierry, 1701. Accessible en ligne sur le site de Gallica.

RIVAROL

Ce qui n'est pas clair n'est pas français.

Antoine, comte de Rivarol, *De l'universalité de la langue française*

Antoine Rivaroli (ou Rivarolo) naît en 1753 à Bagnols-sur-Cèze, dans le Languedoc, de parents roturiers. Son père, Jean Rivarol, aubergiste peu prospère, se distingue par une culture remarquable : fin latiniste, doué de solides connaissances en histoire ancienne et en littérature, poète à ses heures et doté d'une certaine aisance en italien, il concourt à l'éducation d'Antoine, l'un de ses seize enfants. Le jeune homme complète sa formation au collège des joséphites de sa ville natale, où il est un élève brillant. Destiné à la prêtrise, Antoine Rivarol ne se contente pas du séminaire et quitte Avignon pour tenter sa chance à Lyon, puis à Versailles et enfin à Paris, où il arrive en 1777, bien décidé à tirer profit de son bel esprit et de son aisance dans la conversation mondaine. Se disant de la famille du géomètre Deparcieux (ce qui est vrai, même si le lien est ténu), il se présente sous le nom de chevalier de Parcieux et parvient à entrer dans les salons, dont celui de Mme Geoffrin. Il rencontre Diderot, d'Alembert, Buffon et Voltaire, sur le conseil duquel il entreprend de traduire Dante — il livrera une version assez libre de *L'Enfer*. Rebaptisé comte de Rivarol, il écrit pour le *Mercure de France* et dispense son ironie à l'envi, s'attirant une multitude d'ennemis.

Le 3 juin 1784, il remporte, aux côtés d'un Allemand, Jean-Christophe Schwab, le prix de l'Académie de Berlin avec un très sérieux discours sur « l'universalité de la langue française », assorti de notes savantes. Le concours, lancé en 1783, portait sur le sujet suivant :

> Qu'est-ce qui a rendu la langue française universelle ?
> Pourquoi mérite-t-elle cette prérogative ?
> Est-il à présumer qu'elle la conserve ?

Depuis plus d'un siècle, le français est prisé des cours européennes. Avec les Lumières, il est devenu la langue des sciences et de la culture. Le prix de l'Académie de Berlin marque, en quelque sorte, l'apogée de cette prédominance linguistique, et Rivarol, par son discours, s'en fait le héraut, rappelant l'histoire du français et les raisons politiques, culturelles, humaines et linguistiques pour lesquelles « le temps semble être venu de dire *le monde français*, comme autrefois *le monde romain* ». L'auteur débute son discours en disqualifiant les autres langues européennes, de manière parfois mordante — sa fameuse ironie n'est jamais loin. Ainsi de cette remarque sur l'italien :

> La pensée la plus vigoureuse se détrempe dans la prose italienne. Elle est souvent ridicule et presque insupportable dans une bouche virile, parce qu'elle ôte à l'homme cette teinte d'austérité qui doit en être inséparable. Comme la langue allemande, elle a des formes cérémonieuses, ennemies de la conversation, et qui ne donnent pas assez bonne opinion de l'espèce humaine. On y est toujours dans la fâcheuse alternative d'ennuyer ou d'insulter un homme. Enfin il paraît difficile d'être naïf ou vrai dans cette langue, et la plus simple assertion y est toujours renforcée du serment.

Le prix reçu auréole son auteur d'une certaine gloire (Frédéric II de Prusse le nomme même membre de l'Académie de Berlin), et sa notoriété croît encore, de même que les inimitiés qu'il suscite à force de satires et de moqueries. Beaumarchais, Rétif de la Bretonne, Chénier ou Laclos, par exemple, en font les frais dans le *Petit Almanach de nos grands hommes*, publié en 1788 en collaboration avec le chevalier de Champcenetz. Un pendant dédié aux femmes paraît l'année suivante, toujours à quatre mains.

Dans ses deux *Lettres à M. Necker* (1788 toujours), Rivarol se fait le dénonciateur de certaines idées politiques, religieuses ou morales en professant une sorte d'épicurisme moral délié de la religion. Conservateur par nature, considérant notamment que les institutions sont productrices de progrès et de bel usage du langage aussi bien que de civilisation, il prône néanmoins des réformes nécessaires, sans souhaiter pour autant le renversement du régime monarchique. Tel Montesquieu, il pense en effet que la monarchie seule convient à un grand État. Ses positions politiques le brouillent avec nombre de ses relations, comme Talleyrand, Mirabeau ou Sieyès, mais il poursuit, écrivant encore et toujours, et se moquant. Sa maîtrise de l'ironie et du langage satirique est mise en œuvre en 1790 dans le *Petit dictionnaire des grands hommes de la Révolution* pour abattre le camp républicain. Les événements historiques prenant une tournure contraire à ses vues, il s'expatrie. Au cours des années suivantes, il va de pays en pays, profitant de la générosité d'anciens amis, usant de son talent de beau parleur, et escroquant quelque peu un éditeur-imprimeur à qui il promet la rédaction d'un nouveau dictionnaire de langue française, dont il ne livre finalement qu'un *Prospectus* et un *Discours préliminaire*, qui paraissent en 1797.

Antoine Rivarol, champion de la langue française dont il estime qu'elle est à la fois l'honneur de la nation et le meilleur choix possible pour une langue universelle, meurt à Berlin le 11 avril 1801, sans avoir pu revenir en France.

Portrait d'Antoine Rivarol, anonyme, école française, fin du XVIIIe siècle. Versailles, musée Lambinet.

***De l'universalité de la langue française*, Berlin et Paris, chez Bailly et Dessenne, 1784.**

Les extraits cités ci-dessous sont donnés dans l'ordre du discours, mais sont plus ou moins éloignés les uns des autres. Il ne faut donc pas les lire comme formant une suite continue.

> Ce qui distingue notre langue des langues anciennes et modernes, c'est l'ordre et la construction de la phrase. Cet ordre doit toujours être direct et nécessairement clair. Le français nomme d'abord le *sujet* du discours, ensuite le *verbe* qui est l'action, et enfin l'*objet* de cette action : voilà la logique naturelle à tous les hommes ; voilà ce qui constitue le sens commun. Or cet ordre, si favorable, si nécessaire au raisonnement, est presque toujours contraire aux sensations, qui nomment le premier l'objet qui frappe le premier. C'est pourquoi tous les peuples, abandonnant l'ordre direct, ont eu recours aux tournures plus ou moins hardies, selon que leurs sensations ou l'harmonie des mots l'exigeaient ; et l'inversion a prévalu sur la terre, parce que l'homme est plus impérieusement gouverné par les passions que par la raison.
>
> Le français, par un privilège unique, est seul resté fidèle à l'ordre direct, comme s'il était tout raison, et on a beau par les mouvements les plus variés et toutes les ressources du style, déguiser cet ordre, il faut toujours qu'il existe ; et c'est en vain que les passions nous bouleversent et nous sollicitent de suivre l'ordre des sensations : la syntaxe française est incorruptible. C'est de là que résulte cette admirable clarté, base éternelle de notre langue. *Ce qui n'est pas clair n'est pas français* ; ce qui n'est pas clair est encore anglais, italien, grec ou latin. Pour apprendre les langues à inversion, il suffit de connaître les mots et leurs régimes ; pour apprendre la langue française, il faut encore retenir l'arrangement des mots. On dirait que c'est d'une géométrie tout élémentaire, de la simple ligne droite, et que

ce sont les courbes et leurs variétés infinies qui ont présidé aux langues grecque et latine. La nôtre règle et conduit la pensée; celles-là se précipitent et s'égarent avec elle dans le labyrinthe des sensations et suivent tous les caprices de l'harmonie : aussi furent-elles merveilleuses pour les oracles, et la nôtre les eût absolument décriés.

[...]

Mais la langue française, ayant la clarté par excellence, a dû chercher toute son élégance et sa force dans l'ordre direct; l'ordre et la clarté ont dû surtout dominer dans la prose, et la prose a dû lui donner l'empire. Cette marche est dans la nature : rien n'est en effet comparable à la prose française. Il y a des pièges et des surprises dans les langues à inversions. Le lecteur reste suspendu dans une phrase latine comme un voyageur devant des routes qui se croisent; il attend que toutes les finales l'aient averti de la correspondance des mots; son oreille reçoit, et son esprit, qui n'a cessé de décomposer pour composer encore, résout enfin le sens de la phrase comme un problème. La prose française se développe en marchant et se déroule avec grâce et noblesse. Toujours sûre de la construction de ses phrases, elle entre avec plus de bonheur dans la discussion des choses abstraites, et sa sagesse donne de la confiance à la pensée. Les philosophes l'ont adoptée parce qu'elle sert de flambeau aux sciences qu'elle traite, et qu'elle s'accommode également et de la frugalité didactique et de la magnificence qui convient à l'histoire de la nature.

On ne dit rien en vers qu'on ne puisse très souvent exprimer aussi bien dans notre prose, et cela n'est pas toujours réciproque. Le prosateur tient plus étroitement sa pensée et la conduit par le plus court chemin, tandis que le versificateur laisse flotter les rênes et va où la rime le pousse. Notre prose s'enrichit de tous les trésors de l'expression; elle poursuit le vers dans toutes ses hauteurs, et ne laisse entre elle et lui que la rime. Étant commune à tous les hommes, elle a plus de juges que la versification, et sa difficulté se cache sous une extrême facilité. Le versificateur enfle sa voix, s'arme de la rime et de la mesure, et tire une pensée commune du sentier vulgaire ; mais aussi que de faiblesses ne cache pas l'art des vers ! La prose accuse le nu de la pensée ; il n'est pas permis d'être faible avec elle.

[...]

Le langage est la peinture de nos idées, qui à leur tour sont des images plus ou moins étendues de quelques parties de la nature. Comme il existe deux mondes pour chaque homme en particulier, l'un hors de lui, qui est le monde physique, et l'autre au-dedans, qui est le monde moral ou intellectuel, il y a aussi deux styles dans le langage, le *naturel* et le *figuré*. Le premier exprime ce qui se passe hors de nous et dans nous par des causes physiques ; il compose le fond des langues, s'étend par l'expérience, et peut être aussi grand que la nature. Le second exprime ce qui se passe dans nous et hors de nous ; mais c'est l'imagination qui le compose des emprunts qu'elle fait au premier. *Le soleil brûle, le marbre est froid, l'homme désire la gloire* : voilà le langage propre ou naturel. *Le cœur brûle de désir, la crainte le glace, la terre demande la pluie* : voilà le style figuré, qui n'est que le simulacre de l'autre et qui double ainsi la richesse des langues. Comme il tient à l'idéal, il paraît plus grand que la nature.

L'homme le plus dépourvu d'imagination ne parle pas longtemps sans tomber dans la métaphore. Or c'est ce perpétuel mensonge de la parole, c'est le style métaphorique, qui porte un germe de corruption. Le style naturel ne peut être que vrai, et, quand il est faux, l'erreur est de fait, et nos sens la corrigent tôt ou tard ; mais les erreurs dans les figures ou dans les métaphores annoncent de la fausseté dans l'esprit et un amour de l'exagération qui ne se corrige guère.

Une langue vient donc à se corrompre lorsque, confondant les limites qui séparent le style naturel du figuré, on met de l'affectation à outrer les figures et à rétrécir le naturel, qui est la base, pour charger d'ornements superflus l'édifice de l'imagination. Par exemple, il n'est point d'art ou de profession dans la vie qui n'ait fourni des expressions figurées au langage. On dit : *la trame de la perfidie, le creuset du malheur*, et on voit que ces expressions sont comme à la porte de nos ateliers et s'offrent à tous les yeux. Mais quand on veut aller plus avant, et qu'on dit : *Cette vertu qui sort du creuset n'a pas perdu tout son alliage, il lui faut plus de cuisson*; lorsqu'on passe de la trame de la perfidie *à la navette de la fourberie*, on tombe dans l'affectation.

C'est ce défaut qui perd les écrivains des nations avancées : ils veulent être neufs et ne sont que bizarres; ils tourmentent leur langue pour que l'expression leur donne la pensée, et c'est pourtant celle-ci qui doit toujours amener l'autre. Ajoutons qu'il y a une seconde espèce de corruption mais qui n'est pas à craindre pour la langue française : c'est la bassesse des figures. Ronsard disait : *Le soleil perruqué de lumière; la voile s'enfle à plein ventre*. Ce défaut précède la maturité des langues et disparaît avec la politesse.

Conseils de lecture

Jean Lessay, *Rivarol. Le Français par excellence*, Paris, Perrin, 1989.

Antoine de Rivarol, *De l'universalité de la langue française*, Berlin et Paris, 1784. Accessible en ligne sur le site de Gallica.

Contre cette idée de génie, de clarté, de précision de la langue française, érigée en mythe depuis le siècle des Lumières, on pourra lire le vivifiant essai d'Henri Meschonnic, *De la langue française. Essai sur une clarté obscure*, Paris, Hachette, 1997.

Le français, langue servile ?

Parmi les œuvres de Jean-Jacques Rousseau, on trouve un *Essai sur l'origine des langues, où il est parlé de la Mélodie et de l'Imitation musicale*. Demeuré inachevé, il est publié pour la première fois en 1781 à Genève, dans le tome III des *Œuvres posthumes* du philosophe éditées par Du Peyrou. Ce texte dont la rédaction débuta en 1755 semble être un complément du *Discours sur l'origine et les fondements de l'inégalité parmi les hommes*, paru en cette même année. L'auteur y lie de manière étroite langue et politique, et propose des vues bien différentes de celles de Rivarol, comme le montre cet extrait du chapitre XX (le dernier écrit par Rousseau) :

« Il y a des langues favorables à la liberté ; ce sont les langues sonores, prosodiques, harmonieuses dont on distingue les discours de fort loin. Les nôtres sont faites pour le bourdonnement des divans. Nos prédicateurs se tourmentent, se mettent en sueur dans les temples, sans qu'on sache rien de ce qu'ils ont dit. Après s'être épuisés à crier pendant une heure, ils sortent de la chaire à demi morts. Assurément ce n'était pas la peine de prendre tant de fatigue. Chez les anciens on se faisait entendre aisément au peuple sur la place publique ; on y parlait tout le jour sans s'incommoder. Les généraux haranguaient leurs troupes ; on les entendait et ils ne s'épuisaient point. Les historiens modernes qui ont voulu mettre des harangues dans leurs histoires se sont fait moquer d'eux. Qu'on suppose un homme haranguant en français le peuple de Paris dans la place Vendôme. Qu'il crie à pleine tête, on entendra qu'il crie, on ne distinguera pas un mot. Hérodote lisait son histoire aux peuples de la Grèce assemblés en plein air et tout retentissait d'applaudissements. Aujourd'hui l'académicien qui lit un mémoire un jour d'assemblée publique est à peine entendu au bout de la salle.

Si les charlatans des places abondent moins en France qu'en Italie, ce n'est pas qu'en France ils soient moins écoutés, c'est seulement qu'on ne les entend pas si bien. M. d'Alembert croit qu'on pourrait débiter le récitatif français à l'italienne; il faudrait donc le débiter à l'oreille, autrement on n'entendrait rien du tout. Or, je dis que toute langue avec laquelle on ne peut pas se faire entendre au peuple assemblé est une langue servile; il est impossible qu'un peuple demeure libre et qu'il parle cette langue-là. »

(*Essai sur l'origine des langues*, édition de 1817, Paris, A. Belin)

HUGO

> La langue française n'est pas *fixée* et ne se fixera point.
>
> Victor Hugo, Préface à *Cromwell*

Victor Marie Hugo (1802-1885) a toujours voulu être écrivain. À quatorze ans, il écrit : « Je veux être Chateaubriand ou rien. » Il sera davantage, aux yeux de ses contemporains comme de la postérité. Le jeune homme commence sa carrière littéraire à vingt ans — même s'il a écrit auparavant — avec la publication des *Odes* et *Poésies diverses*. Il enchaîne ensuite les publications, touchant à tous les genres (le roman avec *Han d'Islande*, en 1823, la poésie avec les *Nouvelles Odes* en 1824 et les *Odes et Ballades* en 1826, le théâtre avec *Cromwell* en 1827). À vingt-cinq ans, il est le chef de file des écrivains romantiques et connaît déjà le succès et les honneurs (Charles X l'a nommé chevalier de la Légion d'honneur). La publication des *Orientales* et du *Dernier Jour d'un condamné*, vibrant plaidoyer contre la peine de mort, affermit la renommée de l'artiste, mais c'est *Hernani*, en 1830, qui assoit définitivement sa gloire, au terme d'une querelle demeurée célèbre dans l'histoire des lettres. Avec ce drame qui triomphe à la Comédie-Française, Hugo l'emporte sur les tenants du classicisme et impose sa vision du théâtre, de l'art et d'une langue libérée du carcan classique. Bien des années plus tard, il reviendra sur le rôle révolutionnaire qu'il a joué alors dans « Réponse à un acte d'accusation » (*Les Contemplations*, 1856). Ce texte renoue d'ailleurs avec la forme même du drame romantique, les mots y devenant acteurs d'une fresque épique.

Prolifique, l'écrivain publie dans les années 1830 nombre de chefs-d'œuvre, parmi lesquels *Notre-Dame de Paris*, *Les Feuilles d'automne*, *Ruy Blas* et, en 1840, *Les Rayons et les Ombres*. Il entre à l'Académie française en 1841, et, dans la seconde moitié des années 1840, il se tourne vers la vie politique, d'abord dans le camp conservateur. Puis, en 1851, il s'oppose à Louis-Napoléon Bonaparte. En résulte un long exil (1851-1870), pendant lequel Hugo écrit et connaît une gloire internationale, en partie grâce à son opposition à l'empereur. *Les Châtiments* (1853) et *Les Contemplations* (1856), une première partie de *La Légende des siècles* (1859), *Les Misérables* (1862) ou encore *L'Homme qui rit* (1869) datent de cette période. De retour en France en 1870, Hugo continue à publier, et, après quelques années d'engagement politique, se retire de cette scène qui le déçoit. Sa renommée est alors sans égale en France et dans le monde. *Quatre-vingt-treize* (1874) et les nouvelles parties de *La Légende des siècles* (1877-1883) paraissent en cette fin de vie, parmi de nombreux autres écrits. À sa mort, le poète, qui a su tisser sa propre légende, jouit de funérailles nationales. Le temps où il incarnait la rébellion et la révolution dans l'art est bien loin, en apparence. Dans ses écrits, jusque dans les œuvres parues de manière posthume, demeurent pourtant un usage libre de la langue et une fureur (au sens du *furor* latin) qui fait s'entrechoquer les mots. S'il n'invente pas un nouveau langage — ce qui sera le propre de la poésie de la modernité —, Hugo considère les mots comme des vecteurs d'expressivité ; il s'en sert, surtout dans son œuvre poétique, pour transcrire des visions. Baudelaire lui rendra hommage en ces termes : « Aucun artiste n'est plus universel que lui, plus apte à se mettre en contact avec les forces de la vie universelle, plus disposé à prendre sans cesse un bain de nature. Non seulement il exprime nettement, il traduit littéralement la lettre nette et claire ; mais il exprime avec *l'obscurité indispensable* ce qui est obscur et confusément révélé. » (*L'Art romantique*, chapitre XV, « Réflexions sur quelques-uns de mes contemporains »)

Préface à *Cromwell*, Paris, Ambroise Dupont & Cie, 1828.

Dans la préface de *Cromwell* (1827), Victor Hugo déroule une histoire épique du monde en trois temps : « les temps primitifs, les temps antiques, les temps modernes ». L'œuvre représentative de la création littéraire du premier volet de ce triptyque, c'est la Genèse ; et l'ode en est le genre emblématique. L'épopée, qui passe aussi dans les tragédies, la remplace dans les temps antiques. La troisième ère enfin, celle du christianisme, voit un « type nouveau » introduit dans la poésie : « le grotesque », et une forme nouvelle se développer : « la comédie ». Et Hugo d'affirmer que c'est de l'union du grotesque et du sublime que naît « le génie moderne ». Le genre propre au troisième âge, celui où s'épanouit cette union, c'est, bien sûr, le « Drame », que Victor Hugo cite d'abord avec une capitale, comme pour mieux le célébrer. Le drame, c'est la poésie parvenue à sa maturité, qui réconcilie les contraires et peint tout ce que la nature offre, sans en rien retrancher, du laid au beau, de l'harmonieux au difforme, du gai au triste, du corps à l'âme. Le jeune écrivain détruit ensuite avec fougue la règle classique des trois unités, ne reconnaissant que celle ayant trait à l'action. Puis c'est l'exhortation à se libérer des codes imposés pour suivre seulement la nature et la vérité. Le rejet du « bon goût », de l'élégance prônée par ce que Hugo appelle « l'école de Delille », passe par l'éradication des formules fausses et contournées qui rejettent le mot ou l'expression juste sous prétexte qu'ils ne sont pas assez nobles :

> Cette muse, on le conçoit, est d'une bégueulerie rare. Accoutumée qu'elle est aux caresses de la périphrase, le mot propre, qui la rudoierait quelquefois, lui fait horreur. Il n'est point de sa dignité de parler naturellement. Elle *souligne* le vieux Corneille pour ses façons de dire crûment :
>
> ... Un *tas d'hommes perdus de dettes* et de crimes.
> ... Chimène, *qui l'eût cru ?* Rodrigue, *qui l'eût dit ?*

> … Quand leur Flaminius *marchandait* Annibal.
> … Ah ! ne me *brouillez* pas avec la république ! Etc., etc.
>
> Elle a encore sur le cœur son : *Tout beau, monsieur !* Et il a fallu bien des *seigneur !* et bien des *madame !* pour faire pardonner à notre admirable Racine ses *chiens* si monosyllabiques, et ce *Claude* si brutalement *mis dans le lit* d'Agrippine.

L'incitation à user du vers plutôt que de la prose suit, elle-même suivie de ce paragraphe fameux et enflammé sur la langue française :

> Au demeurant, prosateur ou versificateur, le premier, l'indispensable mérite d'un écrivain dramatique, c'est la correction. Non cette correction toute de surface, qualité ou défaut de l'école descriptive, qui fait de Lhomond et de Restaut les deux ailes de son Pégase ; mais cette correction intime, profonde, raisonnée, qui s'est pénétrée du génie d'un idiome, qui en a sondé les racines, fouillé les étymologies ; toujours libre, parce qu'elle est sûre de son fait, et qu'elle va toujours d'accord avec la logique de la langue. Notre Dame la grammaire mène l'autre aux lisières ; celle-ci tient en laisse la grammaire. Elle peut oser, hasarder, créer, inventer son style : elle en a le droit. Car, bien qu'en aient dit certains hommes qui n'avaient pas songé à ce qu'ils disaient, et parmi lesquels il faut ranger notamment celui qui écrit ces lignes, la langue française n'est pas *fixée* et ne se fixera point. Une langue ne se fixe pas. L'esprit humain est toujours en marche, ou, si l'on veut, en mouvement, et les langues avec lui. Les choses sont ainsi. Quand le corps change, comment l'habit ne changerait-il pas ? Le français du dix-neuvième siècle ne peut pas plus être le français du dix-huitième, que celui-ci n'est le français du dix-septième, que le français du dix-septième n'est celui du seizième. La langue de Montaigne n'est plus celle de Rabelais, la langue de Pascal n'est plus

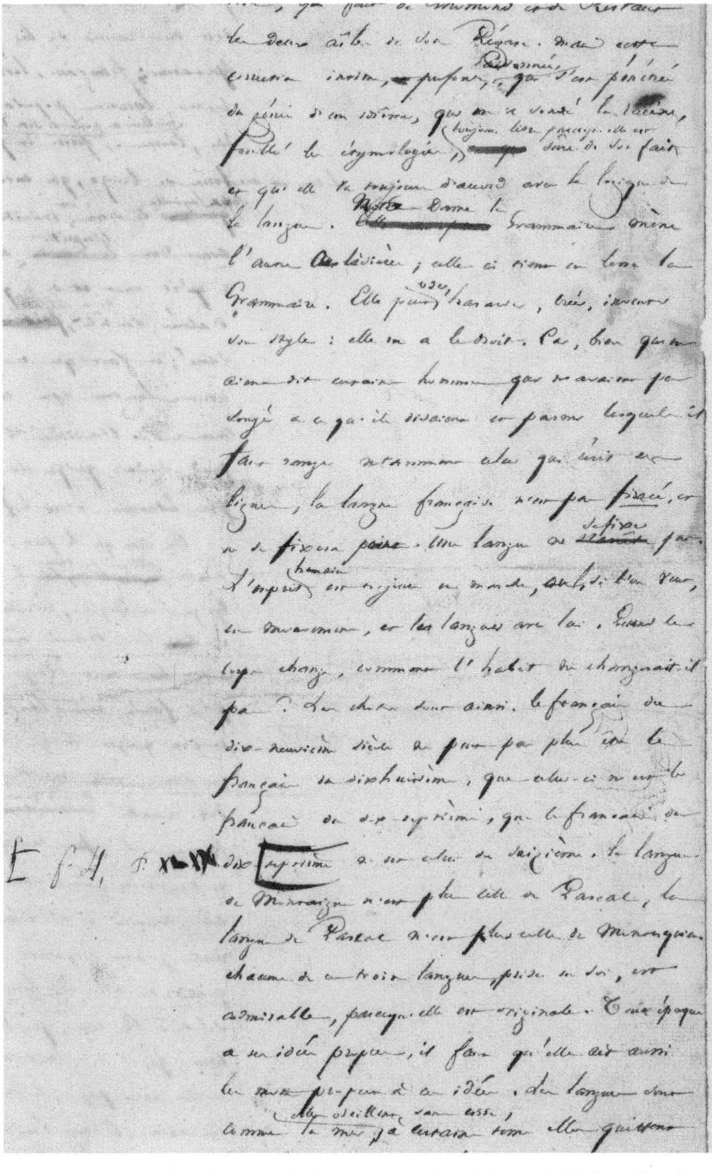

Page du manuscrit autographe de la préface de Cromwell *(détail)*, par Victor Hugo, octobre 1827. Paris, Bibliothèque nationale de France, ms. NAF 13367, fol. 28v.

celle de Montaigne, la langue de Montesquieu n'est plus celle de Pascal. Chacune de ces quatre langues, prise en soi, est admirable, parce qu'elle est originale. Toute époque a ses idées propres, il faut qu'elle ait aussi les mots propres à ces idées. Les langues sont comme la mer, elles oscillent sans cesse. À certains temps, elles quittent un rivage du monde de la pensée et en envahissent un autre. Tout ce que leur flot déserte ainsi sèche et s'efface du sol. C'est de cette façon que des idées s'éteignent, que des mots s'en vont. Il en est des idiomes humains comme de tout. Chaque siècle y apporte et en emporte quelque chose. Qu'y faire ? cela est fatal. C'est donc en vain que l'on voudrait pétrifier la mobile physionomie de notre idiome sous une forme donnée. C'est en vain que nos Josués littéraires crient à la langue de s'arrêter ; les langues ni le soleil ne s'arrêtent plus. Le jour où elles se *fixent*, c'est qu'elles meurent. — Voilà pourquoi le français de certaine école contemporaine est une langue morte.

Ce texte précède immédiatement la conclusion de la poétique que constitue la première partie de la préface. Vient ensuite, plus brève, l'évocation du drame à proprement parler. Aujourd'hui, cette préface est plus connue que la pièce elle-même, tant elle est brillante !

« Réponse à un acte d'accusation », ***Les Contemplations,*** **livre premier, VII, Paris, W. Gerhard, 1856.**

La langue était l'état avant quatre-vingt-neuf ;
Les mots, bien ou mal nés, vivaient parqués en castes ;
Les uns, nobles, hantant les Phèdres, les Jocastes,
Les Méropes, ayant le décorum pour loi,
Et montant à Versaille[4] aux carrosses du roi ;

4. L'absence de *-s* est volontaire, elle permet d'économiser une syllabe en faisant du *e* final un *e* muet.

Les autres, tas de gueux, drôles patibulaires,
Habitant les patois; quelques-uns aux galères
Dans l'argot; dévoués à tous les genres bas,
Déchirés en haillons dans les halles; sans bas,
Sans perruque; créés pour la prose et la farce;
Populace du style au fond de l'ombre éparse;
Vilains, rustres, croquants, que Vaugelas leur chef
Dans le bagne Lexique avait marqué d'une F;
N'exprimant que la vie abjecte et familière,
Vils, dégradés, flétris, bourgeois, bons pour Molière.
Racine regardait ces marauds de travers;
Si Corneille en trouvait un blotti dans son vers,
Il le gardait, trop grand pour dire : Qu'il s'en aille;
Et Voltaire criait : Corneille s'encanaille!
Le bonhomme Corneille, humble, se tenait coi.
Alors, brigand, je vins; je m'écriai : Pourquoi
Ceux-ci toujours devant, ceux-là toujours derrière?
Et sur l'Académie, aïeule et douairière,
Cachant sous ses jupons les tropes effarés,
Et sur les bataillons d'alexandrins carrés,
Je fis souffler un vent révolutionnaire.
Je mis un bonnet rouge au vieux dictionnaire.
Plus de mot sénateur! plus de mot roturier!
Je fis une tempête au fond de l'encrier,
Et je mêlai, parmi les ombres débordées,
Au peuple noir des mots l'essaim blanc des idées;
Et je dis : Pas de mot où l'idée au vol pur
Ne puisse se poser, tout humide d'azur!
Discours affreux! — Syllepse, hypallage, litote,
Frémirent; je montai sur la borne Aristote,
Et déclarai les mots égaux, libres, majeurs.
Tous les envahisseurs et tous les ravageurs,
Tous ces tigres, les huns, les scythes et les daces,
N'étaient que des toutous auprès de mes audaces;
Je bondis hors du cercle et brisai le compas.

Je nommai le cochon par son nom; pourquoi pas?
[...]
Oui, je suis ce Danton! je suis ce Robespierre!
J'ai, contre le mot noble à la longue rapière,
Insurgé le vocable ignoble, son valet,
Et j'ai, sur Dangeau mort, égorgé Richelet.
Oui, c'est vrai, ce sont là quelques-uns de mes crimes.
J'ai pris et démoli la bastille des rimes.
J'ai fait plus : j'ai brisé tous les carcans de fer
Qui liaient le mot peuple, et tiré de l'enfer
Tous les vieux mots damnés, légions sépulcrales;
J'ai de la périphrase écrasé les spirales,
Et mêlé, confondu, nivelé sous le ciel
L'alphabet, sombre tour qui naquit de Babel;
Et je n'ignorais pas que la main courroucée
Qui délivre le mot, délivre la pensée.
[...]
La langue était en ordre, auguste, époussetée,
Fleur de lys d'or, Tristan et Boileau, plafond bleu,
Les quarante fauteuils et le trône au milieu;
Je l'ai troublée, et j'ai, dans ce salon illustre,
Même un peu cassé tout; le mot propre, ce rustre,
N'était que caporal : je l'ai fait colonel;
J'ai fait un jacobin du pronom personnel,
Du participe, esclave à la tête blanchie,
Une hyène, et du verbe une hydre d'anarchie.
Vous tenez le *reum confitentem*. Tonnez!
J'ai dit à la narine : Eh mais! tu n'es qu'un nez!
J'ai dit au long fruit d'or : Mais tu n'es qu'une poire!
J'ai dit à Vaugelas : Tu n'es qu'une mâchoire!
J'ai dit aux mots : Soyez république! soyez
La fourmilière immense, et travaillez! croyez,
Aimez, vivez! — J'ai mis tout en branle, et, morose,
J'ai jeté le vers noble aux chiens noirs de la prose.

Conseils de lecture

Victor Hugo, *Les Contemplations*, Paris, Flammarion, 2008.

Victor Hugo, *Cromwell. Drame*, Paris, Ambroise Dupont & Cie, 1828. Accessible en ligne sur le site de Gallica.

Marieke Stein, *Victor Hugo*, Paris, Le Cavalier Bleu, 2007.

FLAUBERT

Médite donc plus avant d'écrire et attache-toi au *mot*.
Tout le talent d'écrire ne consiste après tout
que dans le choix des mots.

Gustave Flaubert, *Lettre à Louise Colet*, 22 juillet 1852

Gustave Flaubert (1821-1880) est l'une des grandes figures de la littérature du XIXe siècle. Son abondante correspondance a contribué à forger une légende que l'écrivain cultiva volontiers, et que la postérité ne fit qu'enrichir. Son œuvre elle-même, reconnue de son vivant et célébrée par la suite, établit un lien entre le romantisme et le réalisme, tout en demeurant originale. Flaubert renouvelle l'écriture romanesque par son acharnement à analyser, à débusquer le vrai sous le faux-semblant, à disséquer le réel et à le traduire en un style patiemment construit.

Le Normand, à 25 ans, est frappé par les deuils rapprochés de son père et de sa sœur bien-aimée, et sujet lui-même à des problèmes de santé. Deux ans plus tard, c'est l'ami intime Alfred Le Poittevin qui décède. Flaubert écrit depuis l'adolescence, mais n'a encore rien publié d'important. Sa première version de *La Tentation de saint Antoine*, sujet qui le taraude depuis longtemps, est jugée sévèrement par ses deux grands amis, Louis Bouilhet et Maxime Du Camp, qui lui conseillent de… jeter son manuscrit au feu. Abandonnant le lyrisme et l'excès, Flaubert se lance alors dans le roman qui l'occupera pendant cinq ans : *Madame Bovary*. Il y forge un nouveau style, dont il parle souvent dans ses lettres, notamment celles qu'il adresse à « la Muse », Louise Colet — dont les conceptions littéraires sont diamétralement opposées aux siennes. Après *Madame Bovary* (1856), changement radical de cadre : Flaubert compose la fresque historique de *Salammbô* (1862), qui lui demande six ans de travail et le confronte « aux affres du style ». *L'Éducation sentimentale*, en 1869, ne rencontre pas le succès des deux livres précédents, mais devient rapidement la bible des naturalistes. En 1874, Flaubert renoue avec ses premières amours et publie *La Tentation de saint Antoine*, dont on ne connaît guère d'équivalent dans la littérature française contemporaine. Le dernier roman mis en chantier, *Bouvard et Pécuchet*, demeure inachevé. L'écrivain y poursuit son travail sur la langue tout en exprimant sa vision du monde, en particulier dans les aphorismes, devenus célèbres, du *Dictionnaire des idées reçues*. Flaubert termine en revanche ses *Trois Contes*. Il voit aussi, avant de mourir, la reconnaissance de son protégé, Guy de Maupassant, sans doute son seul véritable disciple.

Forçat du style, Flaubert ne laisse rien au hasard dans ses textes. La phrase, son économie et la ponctuation sont l'objet d'une attention constante. Dans des lettres adressées à son éditeur Michel Lévy, il exhorte celui-ci à respecter sa ponctuation blanche (entendez les espacements, sauts de lignes, alinéas) comme la noire, marquée par les signes traditionnels de ponctuation. Il exige aussi le respect de la mise en page et de la division en chapitres (« ponctuation d'œuvre »). On a souvent relevé l'usage particulier du « et » en début de phrase, et des points-virgules ou tirets en fin de phrase, autant d'éléments qui contribuent à créer le mouvement et sont presque un tic d'écriture flaubertien. Dans les manuscrits, les critiques notent également les particularités des phrases de l'ermite de Croisset, souvent dénuées de point final comme de majuscule initiale, antéposant régulièrement le complément circonstanciel et détachant le verbe, multipliant les virgules entre des mots qui, d'après la grammaire normative, ne sauraient être séparés, etc. Flaubert, comme George Sand dont il était l'ami, a de la ponctuation une conception orale, liée au souffle. Il en use pour rythmer sa prose. « Une bonne phrase de prose doit être comme un bon vers, *inchangeable*, aussi rythmée, aussi sonore » (*Lettre à Louise Colet*, 22 juillet 1852). C'est notamment par cette ponctuation libérée des règles typographiques et grammaticales, chère aux romantiques, que passe la subjectivité d'un écrivain dont on a souvent loué (ou critiqué) le style impersonnel[5].

***Correspondance*, Paris, Gallimard, Folio classique, 1999.**

Nous proposons un florilège d'extraits de cette correspondance où le romancier exprime son point de vue sur la langue et le style.

Lettre à Louise Colet, 22 juillet 1852.

> Médite donc plus avant d'écrire et attache-toi au *mot*. Tout le talent d'écrire ne consiste après tout que dans le choix des mots. C'est la précision qui fait la force. Il en est en style comme en musique : ce qu'il y a de plus beau et de plus rare c'est la pureté du son.

Lettre à Louise Colet, 27 décembre 1852.

> Je crois que ma Bovary va aller, mais je suis gêné par le sens métaphorique qui décidément me domine trop. Je suis dévoré de comparaisons, comme on l'est de poux, et je ne passe mon temps qu'à les écraser; mes phrases en grouillent.

Lettre à Louise Colet, 29 janvier 1853.

> Tous les mots maintenant me semblent à côté de la pensée, et toutes les phrases dissonantes. Je ne suis pas plus indulgent pour les autres. J'ai relu, il y a quelques jours, l'entrée d'Eudore à Rome (des *Martyrs*), qui passe pour un

5. Sur la question de la ponctuation chez Flaubert, on consultera avec intérêt l'article de Stella Mangiapane, « Ponctuation et mise en page dans *Madame Bovary* : les interventions de Flaubert sur le manuscrit du copiste », *Flaubert. Revue critique et génétique*, 8, 2012.

des morceaux de la littérature française et qui en est un. Eh bien, c'est fort pédant à dire, mais j'ai trouvé là cinq ou six libertés que je ne me permettrais pas.

Lettre à Louise Colet, 7 avril 1854.

Il faudrait tout connaître pour écrire. Tant que nous sommes, écrivassiers, nous avons une ignorance monstrueuse, et pourtant comme tout cela fournirait des idées, des comparaisons ! La moelle nous manque généralement. Les livres d'où ont découlé les littératures entières, comme Homère, Rabelais, sont des encyclopédies de leur époque. Ils savaient tout, ces bonnes gens-là. Et nous, nous ne savons rien. Il y a dans la poétique de Ronsard un curieux précepte : il recommande au poète de s'instruire dans les arts et métiers, forgerons, orfèvres, serruriers, etc., pour y puiser des *métaphores*. C'est là ce qui vous fait, en effet, une langue riche et variée. Il faut que les phrases s'agitent dans un livre comme les feuilles dans une forêt, toutes dissemblables en leur ressemblance.

Lettre à Louise Colet, 18 avril 1854.

Flaubert corrige Louise Colet en manifestant son attention au mot, à la grammaire et à l'exactitude du sens :

La fleur de l'aloès éclate épanouie

non, la fleur éclate *en s'épanouissant*, mais elle n'éclate pas épanouie. Quand elle éclate, elle n'a pas pour qualité, pour attribut d'être épanouie. Elle est, au contraire, s'épanouissant.

Lettre à Ernest Feydeau, 6 août 1857.

Flaubert écrit, à propos de la mise en chantier de *Salammbô* (qui, à ce stade, s'appelle encore *Carthage*) :

Alors, je ruminerai mon plan qui est fait et je m'y mettrai ! Et les affres de la phrase commenceront, les supplices de l'assonance, les tortures de la période! Je suerai et me retournerai (comme Guatimozin[6]) sur mes métaphores.

Lettre à mademoiselle Leroyer de Chantepie, 12 décembre 1857.

Vous me dites que je fais trop attention à la forme. Hélas! c'est comme le corps et l'âme; la forme et l'idée, pour moi, c'est tout un et je ne sais pas ce qu'est l'un sans l'autre. Plus une idée est belle, plus la phrase est sonore; soyez-en sûre. La précision de la pensée fait (et est elle-même) celle du mot.

Lettre à George Sand, 10 mars 1876.

Je crois que l'arrondissement de la phrase n'est rien. Mais que *bien écrire* est tout, parce que « bien écrire c'est à la fois bien sentir, bien penser et bien dire » (Buffon).
Le dernier terme est donc dépendant des deux autres puisqu'il faut sentir fortement, afin de penser, et penser pour exprimer. Tous les bourgeois peuvent avoir beaucoup de cœur et de délicatesse, être pleins des meilleurs sentiments et des plus grandes vertus, sans devenir pour cela des artistes. Enfin, je crois la Forme et le Fond deux subtilités, deux entités qui n'existent jamais l'une sans l'autre.
Ce souci de la Beauté extérieure que vous me reprochez est pour moi *une méthode*. Quand je découvre une mauvaise assonance ou une répétition dans une de mes phrases, je suis sûr que je patauge dans le Faux; à force de chercher, je trouve l'expression juste qui était la seule, et qui est, en même temps, l'harmonieuse. Le mot ne manque jamais quand on possède l'idée.

---

6. Dernier empereur aztèque, que Cortès tortura pour qu'il révélât l'emplacement des trésors de son peuple.

Lettre à Guy de Maupassant, 15 août 1878.

Citant Maupassant, Flaubert lui répond, avec l'autorité du maître et l'affection de l'ami paternel :

> « Il n'y a pas assez de tournures de phrases ! » Cherchez et vous trouverez.

Conseils de lecture

Gustave Flaubert, *Correspondance*, Paris, Gallimard, Folio classique, 1999.

Michel Winock, *Flaubert*, Paris, Gallimard, 2013.

MAUPASSANT

[...] ne jamais se contenter de l'à peu près.

Guy de MAUPASSANT, Préface à *Pierre et Jean*

Henri René Albert Guy de Maupassant (1850-1893) a grandi sous le regard attentif de sa mère, la Normande Laure Le Poittevin, sœur d'Alfred Le Poittevin, poète et ami d'enfance de Gustave Flaubert. Rapidement séparée de son époux, Laure a favorisé les aspirations de son fils, lui faisant lire très tôt Shakespeare et divers poètes. Le jeune Guy, adolescent turbulent renvoyé du pensionnat d'Yvetot, écrit des vers et obtient avec facilité son baccalauréat. Engagé dans l'armée en 1870, il voit l'invasion de la Normandie, dont *Boule de suif* se fera l'écho dix ans plus tard. Installé à Paris, nanti d'un emploi de fonctionnaire, le jeune homme travaille plus à sa formation littéraire qu'à son office ministériel. Sous la houlette de Flaubert, avec lequel il entretient une correspondance amicale, il apprend l'esthétique réaliste, l'art scrupuleux et sans concession de la description du réel, y compris en poésie : Maupassant est l'un des seuls représentants du naturalisme dans ce genre, avec le recueil sobrement intitulé *Des vers*, publié en 1880 mais commencé dès 1872. Grâce à son mentor, le jeune auteur rencontre Zola, Huysmans, Daudet, Tourgueniev. Ces contacts lui permettent de devenir chroniqueur dans divers journaux, tels *Le Gaulois* ou *Gil Blas*. Maupassant s'essaye aussi au genre dramatique, pour lequel il conservera toujours un penchant, puis aux nouvelles. Il devient rapidement un auteur à la mode. Toutefois, bien que demandé par les salons mondains, le Normand les évite et à compter de 1882, il se consacre tout entier à ses livres, au point que les Goncourt disent de lui qu'il est le « véritable homme de lettres », exigeant, ne se dispersant pas, se dédiant corps et âme à l'écriture ; encore un trait commun avec Flaubert, décédé en 1880.

Affirmant avec opiniâtreté son indépendance vis-à-vis des écoles et des mouvements, Maupassant passe du réalisme au fantastique, à mesure que sa santé mentale décline, précocement, à cause notamment de la syphilis et de l'abus de drogues diverses, mais aussi, sans doute, en raison d'une hérédité pesante — son frère est mort fou à 33 ans. Dans son œuvre très dense, l'écrivain est toujours demeuré fidèle à la ligne de conduite qu'il s'était fixée dans la préface de *Pierre et Jean* : sobriété de la langue avant tout pour dire le monde tel que lui, l'écrivain, le voit, le ressent, l'imagine.

Homme sensuel et plein de vie jusqu'à ce que la maladie le ronge, Maupassant a été le peintre des sensations, comme les impressionnistes ses contemporains, et le forgeron d'un style d'une simplicité extrême, au point que certains le jugèrent et jugent encore plat, facile, sans voir qu'il résulte d'une recherche minutieuse. Pessimiste, refusant les grandes revendications sociales mais brossant avec justesse le tableau de son époque, Maupassant est de son vivant puis après sa mort considéré par ses pairs comme un des meilleurs ouvriers de la langue. En témoigne cet hommage de Zola, en 1893 : « On le comprenait parce qu'il était la clarté, la simplicité, la mesure et la force... Il était de la grande lignée que l'on peut suivre depuis les balbutiements de notre langue jusqu'à nos jours ; il avait pour aïeux Rabelais, Montaigne, Molière, La Fontaine, les forts et les clairs, ceux qui sont la raison et la lumière de notre littérature. »

Préface à *Pierre et Jean*, Paris, Paul Ollendorff, 1888.

Celui que Flaubert appelait affectueusement « mon disciple » s'inscrit dans la même vision de la langue et du style, de l'art comme travail patient, acharné, que le maître de Croisset. S'opposant aux symbolistes et, surtout, aux écrivains de la décadence qui pratiquent une recherche extrême de complexité de la langue et s'attachent entre autres aux créations lexicales les plus extraordinaires, l'auteur de *Boule de suif* (1880), *Une vie* (1883), *Bel-Ami* (1885) ou *Le Horla* (1887), pour ne citer que quatre titres parmi une œuvre plus que profuse, fait dans la préface à son bref roman *Pierre et Jean* (1888) une sorte de profession de foi littéraire. Moquant les critiques incompétents et revenant sur le genre romanesque, il y analyse les principales différences entre les courants romantique et réaliste, expose sa vision de la posture de l'écrivain et de son inexorable présence dans l'œuvre, s'interroge sur la « vérité » en art, avant de consacrer quelques paragraphes finaux à la question de la langue.

[...] Après tant de maîtres aux natures si variées, au génie si multiple, que reste-t-il à faire qui n'ait été fait, que reste-t-il à dire qui n'ait été dit ? Qui peut se vanter, parmi nous, d'avoir écrit une page, une phrase qui ne se trouve déjà, à peu près pareille, quelque part. Quand nous lisons, nous si saturés d'écriture française que notre corps entier nous donne l'impression d'être une pâte faite avec des mots, trouvons-nous jamais une ligne, une pensée qui ne nous soit familière, dont nous n'ayons eu, au moins, le confus pressentiment ?

[...] Quelle que soit la chose qu'on veut dire, il n'y a qu'un mot pour l'exprimer, qu'un verbe pour l'animer et qu'un adjectif pour la qualifier. Il faut donc chercher, jusqu'à ce qu'on les ait découverts, ce mot, ce verbe et cet adjectif, et ne jamais se contenter de l'à peu près, ne jamais avoir recours à des supercheries, même heureuses, à des clowneries de langage pour éviter la difficulté.

On peut traduire et indiquer les choses les plus subtiles en appliquant ce vers de Boileau :

D'un mot mis en sa place enseigna le pouvoir.

Il n'est point besoin du vocabulaire bizarre, compliqué, nombreux et chinois qu'on nous impose aujourd'hui sous le nom d'écriture artiste, pour fixer toutes les nuances de la pensée ; mais il faut discerner avec une extrême lucidité toutes les modifications de la valeur d'un mot suivant la place qu'il occupe. Ayons moins de noms, de verbes et d'adjectifs aux sens presque insaisissables, mais plus de phrases différentes, diversement construites, ingénieusement coupées, pleines de sonorités et de rythmes savants. Efforçons-nous d'être des stylistes excellents plutôt que des collectionneurs de termes rares.

Il est en effet plus difficile de manier la phrase à son gré, de lui faire tout dire, même ce qu'elle n'exprime pas,

de l'emplir de sous-entendus, d'intentions secrètes et non formulées, que d'inventer des expressions nouvelles ou de rechercher, au fond de vieux livres inconnus, toutes celles dont nous avons perdu l'usage et la signification, et qui sont pour nous comme des verbes morts.
La langue française, d'ailleurs, est une eau pure que les écrivains maniérés n'ont jamais pu et ne pourront jamais troubler. Chaque siècle a jeté dans ce courant limpide ses modes, ses archaïsmes prétentieux et ses préciosités, sans que rien surnage de ces tentatives inutiles, de ces efforts impuissants. La nature de cette langue est d'être claire, logique et nerveuse. Elle ne se laisse pas affaiblir, obscurcir ou corrompre.

Conseils de lecture

Marlo Johnston, *Guy de Maupassant*, Paris, Fayard, 2012.

Guy de Maupassant, *Pierre et Jean*, Paris, Gallimard, Folio classique, 1999.

RIMBAUD

> J'inventai la couleur des voyelles ! — A noir, E blanc, I rouge, O bleu, U vert. — Je réglai la forme et le mouvement de chaque consonne [...]
>
> Arthur Rimbaud, « Alchimie du verbe », *Une saison en enfer*

Jean Nicolas Arthur Rimbaud (1854-1891), figure ô combien légendaire, mythifiée, récupérée à tout va ; Rimbaud le rebelle, le révolutionnaire qui voulait « changer la vie » ; Rimbaud l'adolescent ingrat aux éclairs de génie, le méchant gamin à l'ironie cruelle, aux écrits parfois scatologiques, aux réactions excessives. Sa beauté juvénile, « visage parfaitement ovale d'ange en exil », disait Verlaine, n'est sans doute pas pour rien dans son aura. Sa disparition trouble et précoce de la scène littéraire non plus.

Tout le monde a en tête quelques vers de Rimbaud. Des formules qui ont fleuri au fil des décennies dans les bouches et sur les murs. « Je est un autre », par exemple. Son œuvre, brève mais intense, a été disséquée jusqu'à l'écœurement. C'est un lieu commun de célébrer le génie fulgurant, le poète révolutionnaire. N'importe quel jeune étudiant littéraire mal dans sa peau fait du natif de Charleville une sorte de divinité, admire (avec envie ?) sa progression littéraire jusqu'aux *Illuminations*. Mais quel était le rapport du poète à cette langue française qu'il semble manier si aisément, si spontanément ? Qu'en dit-il ? Que cherche-t-il quand il écrit, de sa belle écriture si lisible ?

Arthur Rimbaud fut un bon élève, brillant même, remportant notamment le premier prix de vers latins au concours académique de 1869. Il a alors seize ans et s'est lié d'amitié avec un jeune professeur du collège de Charleville, Georges Izembard.

C'est à ce dernier que l'adolescent adresse, en mai 1871, la première des deux lettres dites « du Voyant »; deux jours plus tard, il adresse la seconde au poète Paul Demeny. Dans ces lettres, qui seront publiées pour la première fois en 1912, on trouve des formules célèbres, ainsi qu'une sorte de programme poétique, un manifeste, qui sera l'un des textes phares des avant-gardes du xxe siècle. Rimbaud connaissait bien la littérature de son temps, la prosodie classique aussi. Ses poèmes sont influencés par Hugo, Banville ou Coppée (dont Verlaine et lui se moquent bientôt), mais aussi par Baudelaire et Glatigny, les novateurs. Il a lu aussi les premiers textes de Verlaine. Bref, Rimbaud ne surgit pas de nulle part : il forge sa vision poétique en se nourrissant de et en s'opposant à son temps. Sa progression apparaît dans les manuscrits, dont la chronologie est souvent difficile à établir. Ses recherches concernent la forme poétique, les mots mais aussi la ponctuation : d'après André Guyaux, éditeur de l'œuvre rimbaldienne dans la bibliothèque de la Pléiade, les manuscrits de 1872 montrent que Rimbaud est l'inventeur du vers non ponctué (par exemple dans *Larme* ou *Bonne pensée du matin*). Il délaisse ensuite le vers pour le poème en prose.

Rimbaud commence à écrire à Paul Verlaine, de dix ans son aîné, en 1871, puis il le rejoint à Paris. C'est le début de leur tumultueuse histoire, dont on trouve bien des échos dans l'autobiographique *Une saison en enfer* (1873). C'est aussi en 1871 qu'il rédige diverses versions de son poème *Voyelles*, qui ne sera publié que douze ans plus tard, par Verlaine (« Les poètes maudits. II. Arthur Rimbaud », *Lutèce*, 5-12 octobre 1883). En 1872 et 1873, il termine les poèmes en prose et entreprend la rédaction des *Illuminations*, qu'il achève probablement en 1874. Elles seront publiées en 1886, dans la revue symboliste *La Vogue*, qui réédite également *Une saison en enfer*, dont la première publication avait été un parfait échec commercial. Rimbaud est alors en Afrique, pour mener cette autre vie dont certains pans demeurent peu connus. Il écrit encore, mais plus de poésie. Le poète semble ainsi avoir disparu bien avant l'homme.

Caricature d'Arthur Rimbaud par Manuel Luque, gravée par Charles Decaux, parue en une de la revue *Les hommes d'aujourd'hui*, vol. 7, nº 318 : « Arthur Rimbaud », par Paul Verlaine, janvier 1888. Paris, musée Carnavalet.

***Seconde lettre du Voyant* (*Lettre à Paul Demeny*, 15 mai 1871), publiée en 1912 dans *La Nouvelle Revue française*.**

[...] Car Je est un autre. Si le cuivre s'éveille clairon, il n'y a rien de sa faute. Cela m'est évident : j'assiste à l'éclosion de ma pensée : je la regarde, je l'écoute je lance un coup d'archet : la symphonie fait son remuement dans les profondeurs, ou vient d'un bond sur la scène.

Si les vieux imbéciles n'avaient pas trouvé du Moi que la signification fausse, nous n'aurions pas à balayer ces millions de squelettes qui, depuis un temps infini, ont accumulé les produits de leur intelligence borgnesse, en s'en clamant les auteurs !

En Grèce, ai-je dit, vers et lyres *rythment l'Action*. Après, musique et rimes sont jeux, délassements. L'étude de ce passé charme les curieux : plusieurs s'éjouissent à renouveler ces antiquités : — c'est pour eux. L'intelligence universelle a toujours jeté ses idées, naturellement. Les hommes ramassaient une partie de ces fruits du cerveau : on agissait par, on en écrivait des livres : telle allait la marche, l'homme ne se travaillant pas, n'étant pas encore éveillé, ou pas encore dans la plénitude du grand songe. Des fonctionnaires, des écrivains : auteur, créateur, poète, cet homme n'a jamais existé !

La première étude de l'homme qui veut être poète est sa propre connaissance, entière ; il cherche son âme, il l'inspecte, il la tente, l'apprend. Dès qu'il la sait, il doit la cultiver. Cela semble simple : en tout cerveau s'accomplit un développement naturel ; tant d'*égoïstes* se proclament auteurs ; il en est bien d'autres qui s'attribuent leur progrès intellectuel ! — Mais il s'agit de faire l'âme monstrueuse : à l'instar des comprachicos, quoi ! Imaginez un homme s'implantant et se cultivant des verrues sur le visage.

Je dis qu'il faut être *voyant*, se faire *voyant*.

Le Poète se fait *voyant* par un long, immense et raisonné *dérèglement* de *tous les sens*. Toutes les formes d'amour, de souffrance, de folie ; il cherche lui-même, il épuise en lui tous les poisons, pour n'en garder que les quintessences. Ineffable torture où il a besoin de toute la foi, de toute la force surhumaine, où il devient entre tous le grand malade, le grand criminel, le grand maudit, — et le suprême Savant ! — Car il arrive à l'*inconnu* ! Puisqu'il a cultivé son âme, déjà riche, plus qu'aucun ! Il arrive à l'inconnu, et quand, affolé, il finirait par perdre l'intelligence de ses visions, il les a vues ! Qu'il crève dans son bondissement par les choses inouïes et innombrables : viendront d'autres horribles travailleurs ; ils commenceront par les horizons où l'autre s'est affaissé !

« Voyelles », « Les poètes maudits. II. Arthur Rimbaud », *Lutèce*, 5-12 octobre 1883.

Nous reproduisons le texte et la ponctuation du manuscrit conservé au musée Arthur-Rimbaud de Charleville-Mézières.

A noir, E blanc, I rouge, U vert, O bleu : voyelles,
Je dirai quelque jour vos naissances latentes :
A, noir corset velu des mouches éclatantes
Qui bombinent autour des puanteurs cruelles,

Golfes d'ombre ; E candeur des vapeurs et des tentes,
Lances des glaciers fiers, rois blancs, frissons d'ombrelles ;
I, pourpres, sang craché, rire des lèvres belles,
Dans la colère ou les ivresses pénitentes ;

U, cycles, vibrements divins des mers virides,
Paix des pâtis semés d'animaux, paix des rides
Que l'alchimie imprime aux grands fronts studieux ;

O, suprême Clairon plein des strideurs étranges,
Silences traversés des Mondes et des Anges :
— O l'Oméga, rayon violet de Ses Yeux !

« Alchimie du verbe », dans *Une saison en enfer*, 1873.

Dans cet extrait, Rimbaud revient sur le poème *Voyelles* et sur le but qu'il poursuivait au moment où il l'écrivit : trouver des mots pour dire « l'inexprimable ».

> [...] J'inventai la couleur des voyelles ! — A noir, E blanc, I rouge, O bleu, U vert. — Je réglai la forme et le mouvement de chaque consonne, et, avec des rythmes instinctifs, je me flattai d'inventer un verbe poétique accessible, un jour ou l'autre, à tous les sens. Je réservais la traduction.
>
> Ce fut d'abord une étude. J'écrivais des silences, des nuits, je notais l'inexprimable. Je fixais des vertiges. [...]

Conseils de lecture

Rimbaud. L'œuvre intégrale manuscrite, édition établie et commentée par Claude Jeancolas, Paris, Textuel, 1996.

Arthur Rimbaud, *Œuvres complètes*, Paris, Gallimard, La Pléiade, 2009.

RAMUZ

J'étreindrai la langue et, la terrassant, lui ferai rendre gorge jusqu'à son dernier secret, et jusqu'à ses richesses profondes, afin qu'elle me découvre son intérieur et qu'elle m'obéisse et me suive rampante, par la crainte, et parce que je l'ai connue et intimement fouillée.

Charles-Ferdinand Ramuz, *Journal*, 9 décembre 1904

Charles-Ferdinand Ramuz naît en Suisse, à Lausanne, en 1878. Il étudie dans cette même ville, avant de devenir enseignant. Sa vocation est cependant d'être écrivain. À l'aube du siècle, il part s'installer dans la capitale française, où il demeure jusqu'au début de la Première Guerre mondiale. Pendant ces années parisiennes, il publie de nombreuses œuvres, parmi lesquelles des poèmes en prose (*Le Petit Village*, 1903) et des romans (*Aline*, 1905 ; *Jean-Luc persécuté*, 1909 ; *Aimé Pache, peintre vaudois*, 1910 ; *Vie de Samuel Belet*, 1913), qui tous rappellent l'attachement de l'écrivain à sa région natale. Cette première période, marquée par le régionalisme, s'achève en 1914 avec la publication d'un nouveau recueil de textes en prose au titre suggestif : *Adieu à beaucoup de personnages*. La même année, Ramuz rédige le manifeste des *Cahiers vaudois*, fondés avec Edmond Gilliard et Paul Budry. Dans cet écrit, intitulé *Raison d'être*, il affirme sa volonté d'une juste représentation et retranscription de la langue et de la réalité vaudoises, non par « régionalisme », mais parce que l'« on ne va au particulier que par amour du général et pour y atteindre plus sûrement ». Cette recherche ne le quittera plus. Ramuz expose à diverses reprises sa théorie de la langue, notamment dans une lettre à l'éditeur français Bernard Grasset : il entend créer ou transposer une langue qui soit vraie, une langue reflétant le parler du canton de Vaud. En témoignent *La Guérison des maladies* (1917) ou *Présence de la mort* (1922), puis, en 1926, *La Grande Peur dans la montagne* (1926), texte qui, à travers la peinture d'un monde rural et montagnard, atteint une dimension universelle et quasi mythique, où la Nature est une force active. Au cours de ce que les critiques ont coutume de qualifier de « troisième période » dans l'œuvre de l'écrivain, avec des romans comme *Adam et Ève* (1932) ou *Le Garçon savoyard* (1936), et divers essais, Ramuz stylise encore davantage sa langue aussi bien que ses thèmes. Son œuvre est marquée alors par l'inquiétude face à la situation de l'Occident et affirme la nécessité de défendre certaines valeurs. La Seconde Guerre mondiale et la défaite précoce de la France l'affectent profondément, mais il n'en continue pas moins à écrire, publiant notamment, en 1944, un recueil de nouvelles, suivi d'un autre deux ans plus tard. L'écrivain décède à Lausanne, en 1947, laissant un journal qui sera publié de manière posthume, en 1949, sous le titre *Journal. Dernières pages*.

Ramuz, peintre du quotidien tendant à l'universalité, quêteur de la vérité et d'une fidélité à la nature (des êtres, des lieux, de la langue), est relativement peu connu en France. Pourtant, de son vivant, quoique attaqué par certains pour son « patois » et ce que d'aucuns prennent pour des fautes de grammaire ou des faiblesses stylistiques, il fut admiré par des écrivains tels que Claudel ou, plus tard, Céline, qui avaient perçu que Ramuz cherchait, par cet usage très conscient d'une grammaire, d'une syntaxe et d'un vocabulaire différents du français académique et classique, à traduire dans la langue littéraire l'oralité et, finalement, la vie de la langue réelle, authentique. Toute son existence d'écrivain aura été consacrée à cette maîtrise de la langue, sa langue, dans son unité et sa différence avec le français de France.

Portrait de Charles-Ferdinand Ramuz, par Roger Wild, vers 1940.

***Raison d'être*, Lausanne, C. Tarin, 1914.**

Dans ce manifeste rédigé à l'occasion de la fondation des *Cahiers vaudois*, Ramuz explique la nécessité d'un art régional qui ne soit pas régionaliste mais permette au contraire de toucher à l'universel; d'un art qui soit ancré dans la nature, la langue, l'expérience quotidienne de celui qui vit en terre vaudoise, pour n'être pas la copie servile d'un art français ou autre. La langue joue évidemment son rôle dans cet art. Ramuz entend réhabiliter le français des Suisses francophones, avec ses particularités, contre ceux qui le dénigrent ou le tiennent pour inférieur.

> Toutes les fois qu'on a parlé notre langage dans les livres, ç'a été pour s'en moquer. Ils ont des sociétés dramatiques, il y a des diseurs de monologues, il y a des auteurs de vaudoiseries : ces gens-là n'ont connu qu'un ton, qui est le ton de la vulgarité. Ils rient grossièrement d'eux-mêmes. Notre patois qui a tant de saveur, outre de la rapidité, de la netteté, de la décision, de la carrure (les qualités précisément qui nous manquent le plus, quand nous écrivons en « français »), ce patois-là, nous ne nous en sommes jamais ressouvenus que dans la grosse comédie ou dans la farce, comme si nous avions honte de nous. C'est pourtant à lui qu'il faut tendre à tout ramener, lui qu'il faut prendre pour modèle, et là encore la transposition doit intervenir, car il n'y a pas d'art sans transposition; mais ce qu'il convient de prendre pour base, c'est cette forme-là, parce que la nôtre, parce qu'existante, définie, et voilà le point d'appui du levier. Voilà par où l'objet déjà s'évade de lui-même, sollicité par cet accent préexistant, mais un accent issu de lui, ensorte [*sic*] qu'une double parenté s'établit et une relation à la fois de père à fils et de fils à père.

« Lettre à un éditeur », *Six Cahiers*, nº 2, Lausanne, Mermod, 1928.

Publiée pour la première fois en 1928, cette longue lettre à l'éditeur Bernard Grasset (connue à compter de 1929 sous le titre *Lettre à Bernard Grasset*) est l'occasion pour Ramuz de revenir sur sa conception de la langue et son attachement au français vaudois, à cette langue maternelle différente du « bon français », entendez le français classique que les Suisses francophones doivent apprendre et qui diffère de leur français quotidien. Ramuz défend son français en ce qu'il est vrai, naturel et miroir d'une population, contre les critiques qui l'accusent de mal écrire et n'acceptent, au fond, qu'un français figé et propre à la seule France. « Vous êtes des Français de France, nous des Français de langue et par la langue seulement. »

> Il y a eu, il y a encore des centaines de français ; il y a encore tout au moins deux grands groupements, deux grandes catégories de français. L'extraordinaire réussite d'une certaine langue d'oïl (dans le passé) ne doit pas nous faire oublier toutes les langues d'oïl et d'oc qui existent encore actuellement ; qui, bien mieux, sont sans cesse en train de se défaire et de se refaire, c'est-à-dire vivent, c'est-à-dire deviennent tandis qu'elle (cette langue « littéraire ») tend de plus en plus à s'immobiliser et à mourir, imposant arbitrairement, je veux dire sans qu'ils les aient vécues, à ceux qui s'en servent, tout un ensemble de règles : quant au vocabulaire, quant à la syntaxe, quant à la grammaire. Autrement dit encore, ce français « classique », sous ses diverses formes, tend depuis longtemps à n'être plus qu'un français académique, avec cette conséquence majeure que, plus il devient académique, plus aussi ses codifications deviennent péremptoires, autoritaires, exclusives. Et admettons encore que ce français dit « classique », et qui ne l'est plus, soit valable même aujourd'hui pour un certain nombre de Français, disons par

exemple certains bourgeois français ou parisiens, élevés dans certaines conditions et dans certains milieux; il n'en reste pas moins que je ne vois pas très bien comment il serait valable pour moi, qui ne suis pas citoyen français, qui ne suis pas parisien, qui ne l'ai jamais été dans mes ascendants, ni sujet du roi dans mes ascendants, qui n'ai jamais fait partie héréditairement ni de la cour, ni des salons : — car la cour et les salons mêmes ont été des choses vivantes, et cette langue a donc été vivante; — mais, nous, nous ne l'avons connue que par l'école; nous ne la parlons pas naturellement; avant de pouvoir l'écrire, ou même la parler, il nous faut l'apprendre.

Plus loin dans le même texte, Ramuz essaye de répondre aux critiques de ceux qui l'accusent de « mal écrire » et demeurent aveugles à sa recherche de vérité de l'expression, au cœur de son travail d'écrivain.

Et si je suis bien forcé pour finir de parler de moi, c'est que [...] je suis enfin, sans doute, de tous vos auteurs, celui qu'on accuse le plus souvent et le plus catégoriquement de « mal écrire ». Je constitue ainsi, à moi tout seul, dans la réunion de vos « fournisseurs » une espèce d'extrême gauche ou d'extrême droite (comme vous voudrez), qui est l'objet de critiques d'une espèce particulière. Et ce ne serait rien encore si seulement j'« écrivais mal », mais on m'accuse encore de mal écrire « exprès », ce qui aggrave mon cas, et d'où des conséquences matérielles assez désagréables pour vous, pour moi des conséquences, disons spirituelles, qui ne sont pas moins désagréables, puisque, à tout prendre, je serais ainsi « dans le faux ». Ai-je besoin de vous dire que cette accusation est de beaucoup pour moi la plus grave de toutes, la seule à vrai dire qui me touche ? Elle va très exactement en sens inverse de toutes mes tendances, de toutes mes recherches; elle me touche au point central, — ayant toujours tâché au contraire d'être véridique et ne m'étant mis à « mal écrire » que précisément par souci d'être plus vrai ou, si on veut, plus authentique, d'être aussi vrai, aussi authentique que possible.

Conseils de lecture

Georges Duplain, *C.-F. Ramuz. Une biographie*, Lausanne, Éditions 24 heures, 1991.

Charles-Ferdinand Ramuz, *Deux lettres*, Lausanne, L'Âge d'homme, 1992.

Charles-Ferdinand Ramuz, *Œuvres complètes I. Journal, notes et brouillons, tome II : 1904-1920*, Genève, Slatkine, 2005.

CÉLINE

> [...] Il nous mutile la langue française ! C'est l'infamie ! En prison ! Rendez-nous le pognon ! Dégueulasse ! Il lèse tous nos compléments ! Saligot ! Ah ! que ça va mal !
>
> Louis-Ferdinand Céline, avant-propos de *Guignol's Band I*

Louis Destouches naît en 1894 à Courbevoie, fils d'une commerçante et d'un employé d'une société d'assurances. Il fait des études correctes, est même envoyé pendant quelques mois en Allemagne puis en Angleterre. Il devient ensuite apprenti, avant de s'engager en septembre 1912 dans le 12e régiment de cuirassiers de Rambouillet. Il signe pour trois ans. Il est naturellement sur le front en 1914, quand la guerre éclate. Rapidement, il est victime d'une blessure au bras alors qu'il s'est porté volontaire pour une mission de liaison. Une fois rétabli, il est d'abord employé dans un bureau militaire à Londres, puis réformé. Il vit à Londres, puis part en Afrique, avant de revenir en France, où il s'intéresse bientôt à la médecine. Il s'attelle donc aux études médicales et obtient tous les diplômes requis (son mémoire de thèse sur Ignace Philippe Semmelweis, qui paraîtra plus tard sous le titre *Semmelweis*, date de cette période). Tout en poursuivant des activités médicales ou hygiénistes, notamment pour le compte de la Société des Nations, il commence à écrire de la littérature. *Voyage au bout de la nuit* est publié chez Denoël en 1932 sous le pseudonyme de Louis-Ferdinand Céline ; ce nom associe les prénoms de son père et de sa mère, dont Céline était le troisième prénom. *Mort à crédit* paraît en 1936. Céline voyage toujours beaucoup, par goût et en raison de ses activités professionnelles, et continue d'écrire, en lien avec l'actualité : à la fin des années 1930, il fait paraître des pamphlets anticommunistes (*Mea Culpa*) et antisémites (*Bagatelles pour un massacre*, *L'École des cadavres*). Pendant la Seconde Guerre mondiale, il publie *Les Beaux Draps*, autre pamphlet antisémite d'une grande violence, et *Guignol's Band*, un roman. Prenant le chemin de l'exil pour échapper à la justice après guerre, il revient en France en 1951, une fois son amnistie prononcée. Il s'installe alors à Meudon, où il résidera jusqu'à sa mort et exercera en temps que médecin généraliste. Ses activités littéraires reprennent. Il publie chez Gallimard *Féerie pour une autre fois*. Viennent ensuite *Les Entretiens avec le professeur Y*, véritable réflexion sur son travail d'écrivain, *Féerie pour une autre fois* (II), *D'un château l'autre* — premier titre de ce que l'on appelle communément « la trilogie allemande ». En parallèle de ces publications, l'ermite de Meudon contribue activement à la construction de sa propre légende, déformant habilement la réalité passée. Il écrit des articles où il évoque son style et son travail sur la langue et accorde de nombreux entretiens, notamment à la fin des années cinquante. Robert Poulet publie ainsi, en 1958, *Entretiens familiers avec L.-F. Céline*. Le second titre de la trilogie allemande, *Nord*, paraît en 1960, et Céline termine la refonte de *Rigodon* (troisième volet de cette trilogie) le 30 juin 1961. Il décède le lendemain d'une rupture d'anévrisme.

Tout au long de son œuvre, Céline a poussé à l'extrême le travail sur la langue française, et il est le premier à analyser ce travail, cette patiente déconstruction de la phrase. Comme l'écrit Henri Godard à propos de *Guignol's Band*, « Céline a peu à peu rejeté la clôture et la construction : de la majuscule au point final, un système syntaxique et sémantique dont toutes les pièces sont articulées les unes sur les autres et qui se suffit à lui-même. Désormais, abolie la ponctuation, les fameux trois points indistinctement substitués à ses divers signes, il ne reste plus que cette succession presque ininterrompue de groupes de mots dont chacun fait surgir un élément de sens, mais comme pour lui-même, posé entre celui qui le précède et celui qui le suit sans être syntaxiquement relié, ou à peine. » (« Un autre Céline », *Le Magazine littéraire*, hors-série nº 4, 2002) Le substantif, le verbe, l'onomatopée sont employés seuls, pour mieux traduire l'émotion, transposer le réel et le faire passer dans les nerfs du lecteur autant que dans son esprit. « J'emmène tout le monde !... de gré ou de force !... avec moi !... le métro émotif, le mien ! sans tous les encombrements ! dans un rêve !... jamais le moindre arrêt nulle part ! non ! au but ! direct ! dans l'émotion !... par l'émotion ! rien que le but : en pleine émotion... bout en bout ! » (*Entretiens avec le professeur Y*, Gallimard, 1996). Chez Céline, la langue écrite, qui trompe sans cesse les attentes du lecteur, semble calquée sur le langage parlé alors même qu'elle est l'aboutissement d'un énorme chantier de reconstruction.

« Céline, "Au début était l'émotion" », propos recueillis par Robert Sadoul en mars 1955 pour un entretien diffusé sur la Radio suisse-romande, repris dans *Céline et l'actualité (1933-1961)*, Gallimard, coll. « Cahiers Céline », nº 7.

Le verbe est là pour remplacer l'émotion, c'est la vérité.

[...]

On a dit : le français est académique... C'est des histoires. Il est académique parce qu'il est travaillé par des gens monotones, qui ne travaillent pas beaucoup le sujet, qui ne se donnent jamais de mal, l'humilité de tout... de tout mettre à bas et puis de se dire : mais c'est pas tout à fait ça, regardons où je me trouve et ce n'est pas ça.

« Rabelais ou la crudité juste. Une rencontre avec Louis-Ferdinand Céline », propos recueillis par Guy Bechtel en 1958, repris dans *Céline et l'actualité littéraire (1957-1961)*, Gallimard, coll. « Les Cahiers de la NRF », série Céline, n°2, 1993.

Quand il parle de Rabelais dans cet entretien accordé à Guy Bechtel, c'est de lui-même que Céline parle, dans une large mesure, et de sa propre recherche quant à la langue.

> En vérité Rabelais, il a raté son coup. Oui, il a raté son coup. Il a pas réussi.
>
> Ce qu'il voulait faire, c'était un langage pour tout le monde, un vrai. Il voulait démocratiser la langue. Une vraie bataille. La Sorbonne, il était contre, les docteurs et tout ça. Tout ce qui était reçu et établi, le roi, l'Église, le style, il était contre.
>
> Non, c'est pas lui qui a gagné. C'est Amyot, le traducteur de Plutarque : il a eu, dans les siècles qui suivirent, beaucoup plus de succès que Rabelais. C'est sur lui, sur sa langue, qu'on vit encore aujourd'hui. Rabelais avait voulu faire passer la langue parlée dans la langue écrite : un échec. Tandis qu'Amyot, les gens maintenant veulent toujours et encore de l'Amyot, du style académique. Ça, c'est écrire de la m... : du langage figé. Les colonnes d'un grand quotidien du matin, qui se flatte d'avoir des rédacteurs qui écrivent bien, en sont pleines. Ça donne un cloaque à verbe bien filé, à phrases bien conduites, avec, à la fin de l'article, une petite astuce innocente. Pas dangereuse, pas trop forte, pour ne pas effrayer le public. C'est ça l'échec de Rabelais, c'est ça l'héritage d'Amyot. De la vraie m..., je continue.
>
> Rabelais a vraiment voulu une langue extraordinaire, et riche. Mais les autres, tous, ils l'ont émasculée, cette langue, jusqu'à la rendre toute plate. Ainsi aujourd'hui écrire bien, c'est écrire comme Amyot, mais ça, c'est jamais qu'une *langue de traduction*.

[...]

Il faudrait comprendre une fois pour toutes (assez de pudibonderie !) que le français est une langue vulgaire, depuis toujours, depuis sa naissance au traité de Verdun. Seulement ça, on ne veut pas l'accepter et on continue de mépriser Rabelais.

[...]

Tenez-vous-en plutôt à ce qui est intéressant chez Rabelais : son intention un peu démagogique d'attirer le public en parlant comme lui. Je comprends, moi, Rabelais était médecin et écrivain, comme moi. Ça se voit, la crudité juste. C'était un bon anatomiste d'ailleurs et, chose prodigieuse pour l'époque, il opérait déjà. Si, il a même inventé un appareil chirurgical.

Il ne devait pas croire beaucoup en Dieu, mais il n'osait le dire. Au reste il a pas mal fini, il a pas eu de supplice. Ç'a été après, le supplice, quand on a académisé et égorgé le français qu'il parlait, pour en faire une littérature de bachot et de brevet élémentaire.

Conseils de lecture

L.-F. Céline, édité par Dominique de Roux, Michel Beaujour et Michel Thélia, Paris, Éditions de L'Herne, 2007.

Louis-Ferdinand Céline, *Le Magazine littéraire*, hors-série n°4, 2002.

Louis-Ferdinand CÉLINE, *Romans*, vol. I à IV, Paris, Gallimard, La Pléiade, 1974-1993; *Lettres*, Paris, Gallimard, La Pléiade, 2009.

Jean-Pierre DAUPHIN et Henri GODARD (éd.), *Céline et l'actualité littéraire (1957-1961)*, Paris, Gallimard, coll. « Les Cahiers de la NRF », série Céline, n°2, 1993.

Artaud ou le langage comme moyen d'être

Antonin Artaud (1896-1948) est un contemporain de Céline, qu'il ne fréquente cependant pas, et pour cause : leurs idées sont diamétralement opposées. Pourtant, du point de vue linguistique, tous deux ont une chose en commun : ils entendent révolutionner la langue française et ses diverses expressions littéraires. Chez Artaud toutefois, le but n'est pas strictement littéraire, ni stylistique ; son travail sur la langue équivaut à un travail sur le moi, sur la pensée, il est une tentative pour exister. Artaud ne dissocie pas sa démarche de son mal, cette maladie mentale et nerveuse omniprésente qui, dès l'adolescence, l'épuise et lui fait côtoyer la folie, en dépit des tentatives de traitement. L'écrit est pour lui un moyen de contrer le néant qui le menace en tant qu'individu, ainsi qu'une tentative de briser les frontières afin de révéler ce qui demeure caché à une pensée et à une langue trop rationnelles, trop logiques. « Je suis celui qui a le mieux senti le désarroi stupéfiant de sa langue dans ses relations avec la pensée », écrit-il dans *Le Pèse-Nerfs* en 1925. Les mots lui manquent, explique-t-il ailleurs. Mais quand il les trouve et parvient à les retranscrire, il les livre au papier avec une sorte de rage, d'urgence, et leur confère une importance vitale :

> Je suis un imbécile, par suppression de pensée, par mal-formation de pensée, je suis vacant par stupéfaction de ma langue.
>
> Mal-formation, mal-agglomération d'un certain nombre de ces corpuscules vitreux, dont tu fais un usage si inconsidéré. Un usage que tu ne sais pas, auquel tu n'as jamais assisté.
>
> Tous les termes que je choisis pour penser sont pour moi des TERMES au sens propre du mot, de véritables terminaisons, des aboutissants de mes

mentales [*sic*], de tous les états que j'ai fait subir à ma pensée. Je suis vraiment LOCALISÉ par mes termes, et si je dis que je suis LOCALISÉ par mes termes, c'est que je ne les reconnais pas comme valables dans ma pensée. Je suis vraiment paralysé par mes termes, par une suite de terminaisons. Et si AILLEURS que soit en ces moments ma pensée, je ne peux que la faire passer par ces termes, si contradictoires à elle-même, si parallèles, si équivoques qu'ils puissent être, sous peine de m'arrêter à ces moments de penser. »
(« Le Pèse-Nerfs », *L'Ombilic des Limbes*, Paris, Gallimard, 1956)

EN GUISE D'ÉPILOGUE

Pour clore ce bref aperçu du rapport qu'entretiennent les écrivains avec la langue française, il faut dire un mot de ces auteurs qui ont fait le choix du français alors qu'il n'est pas leur langue maternelle. Ce n'est pas un fait nouveau : le philosophe Brunetto Latini (1220-1294), précepteur de Dante, avait en son temps décidé d'écrire en français son *Livre du Trésor*. « Et s'aucuns demande porquoy chis livres est escris en romans, selon le patois de France, puisque nous sommes Italiens, je diroé que c'est pour deux raisons : l'une, porce que nous sommes en France [le Florentin était alors exilé en France]; l'autre, si est porce que François est plus delitaubles langages et plus communs que moult d'autres. » Le « roman », « patois de France », est valorisé comme étant plaisant (*delitaubles*) et commun, répandu. Bien plus tard, à la fin du XVIIIe siècle, Casanova rédige ses mémoires fleuves en français; mais il est vrai que le français est alors, comme nous l'a rappelé Rivarol, la langue universelle de la culture.

Hier comme aujourd'hui, des auteurs ont choisi le français parce qu'ils aimaient cette langue, sa sonorité, son rythme, ses mots. Ils l'ont choisi aussi pour des raisons stylistiques. Qu'on lise ce qu'écrit Michael Edwards — premier académicien de nationalité britannique — dans ses *Dialogues singuliers sur la langue française* (Presses universitaires de France, 2016). Qu'on se souvienne aussi de cette phrase de l'Irlandais Samuel Beckett : « Je me remis à écrire en français avec le désir de m'appauvrir encore davantage. » (Cité par Ludovic Janvier dans *Samuel Beckett par lui-même*, Paris, Éditions du Seuil, 1969.) S'appauvrir pour atteindre une forme de nudité du langage propre à dire la condition humaine; une langue dépouillée, désincarnée, qui porte la voix de personnages tout aussi dénués de psychologie. Beckett ne s'est pas privé, dans son œuvre, tant en anglais qu'en français, de parler de la langue, de son apprentissage, de son étrangeté et de l'aliénation sourde à laquelle nous soumettent les mots, la grammaire, la syntaxe. Oscar Wilde, un autre Irlandais, avait quant à lui abandonné la langue de Shakespeare pour écrire sa pièce *Salomé* (manuscrit rédigé en 1891, première publication en 1893). Il aurait fait ce choix à la fois pour mieux inscrire l'œuvre dans la veine décadente et symboliste française, et pour obtenir des effets de style particuliers, générés par la distance entre l'auteur et la langue qu'il utilise pour sa création. C'est en tout cas ce qu'il indique dans le journal *Le Gaulois* du 29 juin 1892, lors d'un entretien avec le journaliste Maurice Sisley : « Votre belle langue française m'a séduit. J'ai tenté d'exprimer ce que je sentais… en français. » Puis, plus loin dans la conversation : « Certes, j'ai certains tours de phrase, certaines expressions que n'emploierait pas un auteur français ; mais il est des originalités qui, peut-être, donneront du relief au style. Maeterlinck n'a-t-il pas, lui aussi, des expressions à lui, à lui seul, qui produisent leur effet, l'effet que l'auteur ou l'écrivain veut atteindre ? » On peut aussi imaginer que Wilde se doutait de l'hostilité de la censure anglaise, laquelle ne manqua d'ailleurs pas d'interdire la représentation de la pièce à Londres (l'inceste, le meurtre, la nécrophilie et l'attirance homosexuelle latente n'étant pas les sujets les plus appréciés des censeurs victoriens). Et que dire de Milan Kundera, qui fit en adoptant le français comme langue d'écriture un choix militant ? Et veilla scrupuleusement aux traductions de ses œuvres… Les écrivains d'Amérique latine ne sont pas en reste : Fernando Arrabal ou Eduardo Manet, par exemple, ont fait le choix du français.

En adoptant une langue étrangère, fût-elle parfaitement maîtrisée, tous ces auteurs s'imposent à dessein un travail différent, où l'étrangeté et le familier se mêlent, où le style est plus que jamais le fruit d'une recherche, où le jeu sur la langue prend une nouvelle dimension. Parfois, il s'agit de se défaire d'influences trop pesantes dans sa langue maternelle et de se détacher de soi-même; d'autres fois, de trouver une liberté nouvelle, liée, peut-être, à un certain imaginaire de la langue et de la culture françaises, et à une fréquentation particulière de notre littérature. Le changement de langue offrirait en quelque sorte un changement de cadre moral, culturel, social même. Dans un article du *Monde des Livres* du 20 mars 2009, Florence Noiville interrogeait divers écrivains ayant opté pour le français. Parmi eux, la romancière Anna Moï, dont la journaliste rapportait ainsi les propos : « En vietnamien, il n'y a pas un mot pour dire "vous" ou "tu". Si j'écris sur une femme, je suis obligée de dire "petite sœur". Si j'ai envie d'inventer une histoire où cette femme aime un homme plus jeune qu'elle, c'est impossible, la langue ne le prévoit pas. Certes, le conformisme est inscrit dans la langue même (à travers les pronoms personnels, par exemple). Mais ce qui me paralyse, ce serait plutôt mon propre rapport à cette langue, dans laquelle j'ai été élevée, et "bien élevée". Je fuis ma bonne éducation en migrant vers d'autres langues. Plus je m'en éloigne, plus je peux être iconoclaste et dire l'indicible. »[7] La même auteure, qui a remporté en mai le prix Littérature-monde pour son roman *Le Venin du papillon*, avait commencé à rédiger cet ouvrage en... anglais! parce que, explique-t-elle dans divers entretiens, le français étant presque une seconde langue maternelle, elle rencontrait des difficultés pour exprimer dans cette langue des choses liées à la sexualité, tandis qu'en anglais, langue étrangère à laquelle elle ne se sent pas liée organiquement, elle éprouvait une plus grande liberté.

Quelle que soit leur motivation première, tous ces auteurs ont sur notre langue, qui est devenue la leur, un avis précis, un regard personnel; ils nous révèlent ce que, sans doute, nous ne saurions voir d'emblée, pris dans l'habitude et la facilité de parler et d'écrire en français. C'est grâce à eux que l'on se

7. L'article est consultable à l'adresse : http://www.lemonde.fr/livres/article/2009/03/20/pourquoi-ils-ecrivent-en-francais_1170385_3260.html

souvient que la langue nous modèle, qu'elle véhicule une vision du monde et de la société dont, bien souvent, nous n'avons plus conscience. Ils nous offrent ainsi un merveilleux cadeau : la redécouverte de notre langue maternelle.

TABLE DES MATIÈRES

Introduction. . . . . p. 3

Du Bellay . . . . p. 11
Malherbe . . . . p. 21
Boileau . . . . p. 29
Rivarol . . . . p. 37
Hugo . . . . p. 47
Flaubert . . . . p. 57
Maupassant . . . . p. 63
Rimbaud . . . . p. 69
Ramuz . . . . p. 75
Céline . . . . p. 83

En guise d'épilogue. . . . . p. 91

Crédits iconographiques

Du Bellay
Page 15 © Bibliothèque nationale de France

Rivarol
Page 40 © Bridgeman Images

Hugo
Page 51 © Bibliothèque nationale de France

Rimbaud
Page 71 © Archives Charmet / Bridgeman Images

Ramuz
Page 77 © Rue des Archives/RDA

Les dessins pages 31 et 64 sont l'œuvre de Thomas Tessier.

Conception graphique des couvertures : ADKEYS
Illustration de la première de couverture : Laurence de Sancy

ISBN : 9782351841877
Achevé d'imprimer en Italie par Grafica Veneta
Dépôt légal : Septembre 2017

PEFC
PEFC/18-31-226
Certifié PEFC
Ce produit est issu de forêts gérées durablement et de sources contrôlées
www.pefc.be